Gavin Ambrose   Paul Harris

Fundamentos de Design Criativo

Obra originalmente publicada sob o título
The Fundamentals of Creative Design, 2nd Edition
ISBN 978-2-940411-61-0

Second edition © AVA Publishing SA 2011
First Published in 2003
Design by Gavin Ambrose

Production by AVA Book Production Pte. Ltd., Singapore
Tel: +65 6334 8173
Fax: +65 6259 9830
Email: production@avabooks.com.sg

Capa: *Rogério Grilho*, arte sobre capa original

Leitura final: *Mirella Nascimento*

Gerente editorial – CESA: *Arysinha Jacques Affonso*

Editora responsável por esta obra: *Mariana Belloli Cunha*

Editoração eletrônica: *Techbooks*

A496f	Ambrose, Gavin.
	Fundamentos de design criativo / Gavin Ambrose, Paul Harris ; tradução: Aline Evers ; revisão técnica: Jorge Luiz Padilha Filho. – 2. ed. – Porto Alegre : Bookman, 2012.
	192 p. : il. color. ; 23 cm.
	ISBN 978-85-407-0127-4
	1. Design – Fundamentos. I. Harris, Paul. II. Título.
	CDU 658.512.2

Catalogação na publicação: Fernanda B. Handke dos Santos – CRB 10/2107

Reservados todos os direitos de publicação, em língua portuguesa, à
BOOKMAN EDITORA LTDA., divisão do GRUPO A EDUCAÇÃO S.A.
Av. Jerônimo de Ornelas, 670 – Santana
90040-340 – Porto Alegre – RS
Fone: (51) 3027-7000   Fax: (51) 3027-7070

É proibida a duplicação ou reprodução deste volume, no todo ou em parte, sob quaisquer formas ou por quaisquer meios (eletrônico, mecânico, gravação, fotocópia, distribuição na Web e outros), sem permissão expressa da Editora.

Unidade São Paulo
Av. Embaixador Macedo Soares, 10.735 – Pavilhão 5 – Cond. Espace Center
Vila Anastácio – 05095-035 – São Paulo – SP
Fone: (11) 3665-1100   Fax: (11) 3667-1333

SAC 0800 703-3444 – www.grupoa.com.br

IMPRESSO NA CHINA
PRINTED IN CHINA

Gavin Ambrose Paul Harris

Fundamentos de Design Criativo

2ª edição

Tradução:
Aline Evers

Revisão técnica:
Jorge Luiz Padilha Filho
Designer e artista plástico graduado em Artes Plásticas pela Universidade de São Paulo
Professor de Design Gráfico e Comunicação Visual na Panamericana Escola de Arte e Design

2012

sumário

6 Introdução

8 Formato

Os diversos formatos de páginas, tamanhos de cartazes e escolhas para sites e imagens em movimento ampliam as possibilidades do design, ajudando a obter diferenciação e a melhorar a usabilidade.

10	escolhendo o tamanho da página
16	tamanhos de papel ISO e americano
22	tamanhos padrão da Web
24	filme e imagem em movimento
28	formatos de arquivo
30	exercício: formato / proporção

32 Layout e grids

Seja para impressão ou exibição em tela, os princípios fundamentais do layout de página permitem um posicionamento do texto e dos elementos gráficos de uma maneira controlada e visualmente interessante em um espaço, criando hierarquia e ritmo.

34	por que usar um grid?
40	o perímetro
42	justaposição
44	ritmo e hierarquia
46	seção áurea e sequência de Fibonacci
48	grid de linhas de base
52	exercício: ativo e passivo / olhando de perto

54 Tipografia

Os princípios da tipografia existem há séculos, mas a facilidade de uso e as possibilidades ilimitadas da era digital os tornaram mais importantes do que nunca para deixar um texto interessante e equilibrado.

56	tipo
58	anatomia dos tipos
60	descrevendo o tipo
62	sistemas de classificação
66	famílias tipográficas estendidas
68	cor tipográfica
70	geração da fonte
74	espaçamento vertical e horizontal
78	personalidade do tipo
80	caracteres especiais e ligaturas
82	sistema de Frutiger
84	detalhes do tipo
86	temas tipográficos
90	exercício: classificação do tipo / tipo no ambiente

92 Imagem

Forte ferramenta de comunicação que pode dar vida ao design e transmitir ideias ao leitor de uma forma que apenas o texto sozinho não faria. As imagens explicam o design e também lhe conferem drama e significado.

94	significado da imagem
96	tipos de imagem
100	manipulação de imagens
106	o tipo como imagem
110	camadas
114	exercício: justaposição / símbolos e ícones

116 Cor

Se empregadas de forma criativa, as cores podem aumentar o interesse visual de um design e melhorar a comunicação da mensagem. A compreensão dos princípios de associação de cores permite ao designer controlar seu uso e maximizar seu impacto.

118	entendendo as cores
122	terminologia básica
132	cores especiais ou sólidas
134	combinações de cores
136	colorindo imagens
140	a cor como branding
142	exercício: variação de emoções / combinações de cor

144 Acabamento de impressão

Diversas técnicas podem dar acabamento ao trabalho de impressão, ajudando a diferenciá-lo e oferecendo um toque extra à composição – tanto visual quanto funcional.

146	tipos do papel
150	engenharia de papel
152	litografia e impressão direta à chapa (CTP)
154	quadricromia – tonalidades
158	impressão da borda externa
160	serigrafia
162	tipografia
166	composição tipográfica a quente
168	vernizes
170	acabamento físico
172	dobra, dobra paralela e dobra-janela
176	encadernação
178	exercício: impressão efêmera / composição com tipos de madeira

180	glossário
182	índice
184	contatos e créditos
185	trabalhando com ética

The Modern Poster

A REVIEW OF CONTEMPORARY POSTER DESIGN BY MICHAEL JOHNSON, JOHNSON BANKS

Introdução

JÁ PASSOU QUASE UMA DÉCADA DESDE A PUBLICAÇÃO DA PRIMEIRA EDIÇÃO DE FUNDAMENTOS DE DESIGN CRIATIVO. A SEGUNDA EDIÇÃO FOI CONCEBIDA PARA GUIAR ESTUDANTES E PROFISSIONAIS ENVOLVIDOS COM O DESIGN PELOS PRINCÍPIOS QUE HÁ MUITO TEMPO FORAM ESTABELECIDOS E QUE SUSTENTAM OS ASPECTOS IMPRESSO E DIGITAL DA DISCIPLINA.

ESTA NOVA EDIÇÃO MANTÉM A VIVACIDADE DA PRIMEIRA, PORÉM FOI MELHORADA, RENOVADA E REESTRUTURADA PARA TRANSMITIR OS CONTEÚDOS E AS MENSAGENS DE MODO AINDA MAIS ACESSÍVEL. NESTA EDIÇÃO ATUALIZADA, O LIVRO TRAZ NOVOS CAPÍTULOS, NOVOS EXEMPLOS CRIATIVOS E EXERCÍCIOS COM A FINALIDADE DE OFERECER EXPLICAÇÕES CONCISAS E DE ILUSTRAR OS FUNDAMENTOS DO DESIGN, FORNECENDO EXEMPLOS DE SUAS APLICAÇÕES POR MEIO DE PROJETOS DO DESIGN CONTEMPORÂNEO.

A SEGUNDA EDIÇÃO DE FUNDAMENTOS DE DESIGN CRIATIVO É UMA FONTE ÚNICA PARA TODOS OS PROFISSIONAIS DO DESIGN, ESTUDANTES E LEITORES DO PÚBLICO GERAL QUE TENHAM INTERESSE PELO DESIGN.

The Modern Poster ←

O estúdio Johnson Banks utilizou uma abordagem irônica para o pôster que promove a revisão do design contemporâneo de pôsteres mediante a criação de uma imagem limpa e minimalista que parece ter sido construída a partir de quatro pôsteres separados. O pôster dá a impressão de ser um *outdoor* que, de alguma forma, saiu de alinhamento.

Design: Johnson Banks

ADVERTISINGN

THERE'S NOT MUCH DIFFERENCE BETWEEN ADVERTISING AND DESIGN. A TALK BY MICHAEL JOHNSON, JOHNSON BANKS

Formato

É a forma e o tamanho do produto final, seja ele um livro, uma revista, uma brochura, uma embalagem ou mesmo um site. A seleção do formato é uma combinação de visão do designer e de considerações práticas. Essas considerações podem incluir qual é o público-alvo, onde o design será visto ou utilizado, a natureza da informação a ser apresentada e o orçamento disponível.

Uma abordagem criativa para a seleção do formato pode produzir resultados que melhoram a mensagem geral apresentada. A seleção do formato inclui materiais, escala de produção e uso de técnicas de acabamento de impressão, que podem incrementar o design ou resultar em algo único sem necessariamente ultrapassar o orçamento.

Advertising e design ←

O formato de pôster oferece uma grande quantidade de espaço — mas isso não significa que o design precisa ser complicado. Muitas vezes, os designs de maior sucesso apresentam soluções simples em larga escala. Este pôster brinca com as semelhanças linguísticas entre as palavras "advertising" (em inglês, "propaganda") e "design" — as duas são sobrepostas a fim de confirmar a semelhança entre as duas disciplinas. Um verdadeiro "dois em um" — é o que o pôster diz sobre a publicidade e o design, fazendo uma declaração sobre ambos.

Design: Johnson Banks

escolhendo o tamanho da página

Teoricamente, o designer pode utilizar o formato de página que quiser, embora o impacto visual possa ser questionável. Uma teoria para a divisão e a definição do espaço em uma página foi desenvolvida de modo que a página seja lógica, fácil de trabalhar e que, sobretudo, crie proporções agradáveis ao olhar. Para o designer, ter vários formatos de página à disposição com proporções atraentes economiza tempo e é um bom ponto de partida para qualquer projeto.

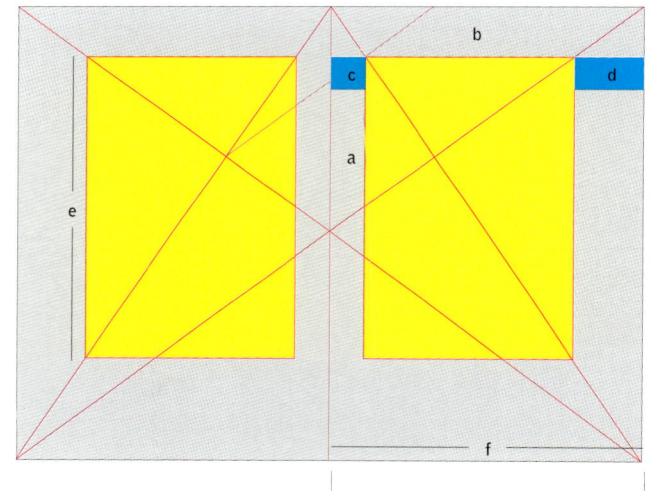

Formato de página
Embora um designer tenha a liberdade de optar por qualquer formato de página, há considerações práticas e econômicas que influenciarão essa escolha, como o desperdício de papel e o custo de cortar formatos não padronizados. A existência dos formatos de papel ISO (International Organization for Standardization) proporciona uma variedade de tamanhos de papel que, apesar de ser pouco original, funciona e está disponível.

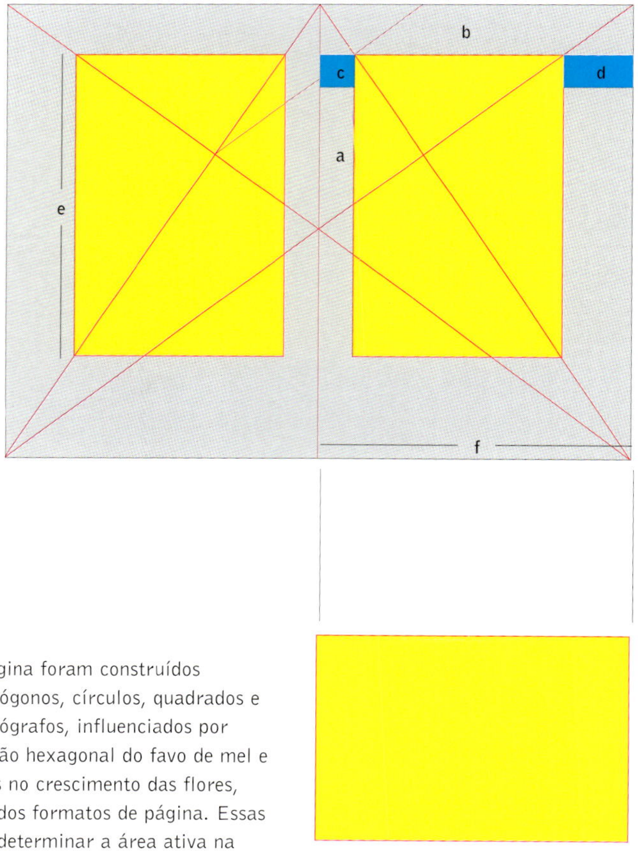

Avanços no layout
Por mais de mil anos, formatos de página foram construídos utilizando pentágonos, hexágonos, octógonos, círculos, quadrados e triângulos. Os primeiros escribas e tipógrafos, influenciados por fenômenos orgânicos como a construção hexagonal do favo de mel e as estruturas pentagonais encontradas no crescimento das flores, utilizavam essas formas como a base dos formatos de página. Essas estruturas também eram a base para determinar a área ativa na página na qual o texto e os elementos gráficos seriam posicionados.

Esquerda: Layout clássico, cujo pioneiro foi o tipógrafo alemão Jan Tschichold (1902–1974), baseado em um formato de página com proporções de 2:3. A espinha (a) e as margens superiores (b) são posicionadas como um nono da página. A simplicidade dessa página é criada pelos relacionamentos espaciais que "contêm" o bloco de texto.

O grid cria proporções harmoniosas: a margem interna (c) tem metade do tamanho da margem externa (d), enquanto a altura do bloco de texto (e) é igual à largura da página (f).

Jan Tschichold deixou a Alemanha em 1933 e trabalhou na Suíça como tipógrafo até 1946. Entre 1946 e 1949 ele viveu e trabalhou na Inglaterra supervisionando a recriação tipográfica da Penguin Books, uma editora em expansão na época.

Escolhendo o tamanho da página Tamanhos de papel ISO e Americano » **Formato**

1 – Layout de pentágono alto

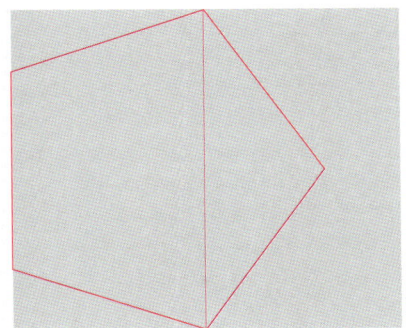

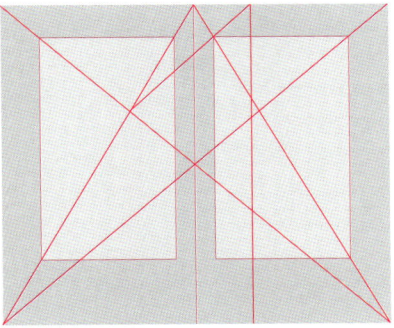

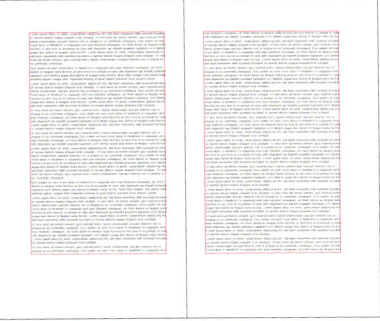

Acima: A página de pentágono alto é construída dividindo-se verticalmente um pentágono rotacionado, o que resulta em um tamanho de página que, quando dobrado, cria uma página dupla espelhada.

Acima: A página dupla é dividida do canto inferior esquerdo ao canto superior direito, do direito inferior ao esquerdo superior, do esquerdo inferior ao centro superior e do direito inferior ao centro superior. As larguras do cabeçalho e da espinha são inseridas para completar os pontos de ancoragem necessários para o bloco de texto. Estes normalmente se baseiam em uma divisão da altura, isto é, 12 avos.

Acima: O layout resultante dá uma indicação básica da posição da mancha gráfica principal ou bloco de texto.

Esse processo pode ser repetido para criar diferentes formatos de página utilizando áreas distintas do mesmo pentágono (veja abaixo).

2 – Layout de pentágono truncado

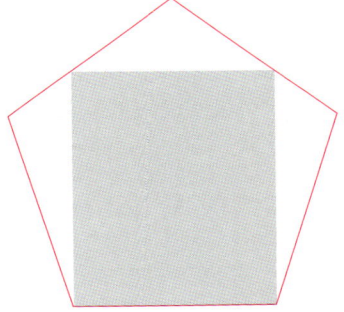

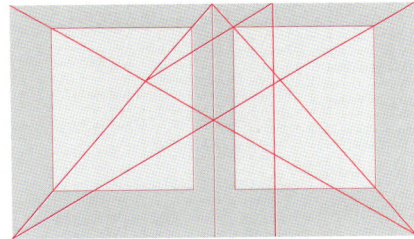

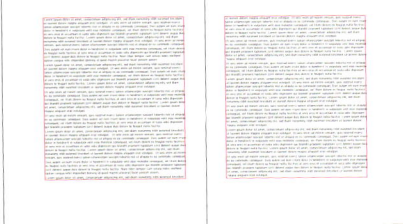

3 – Layout de pentágono curto

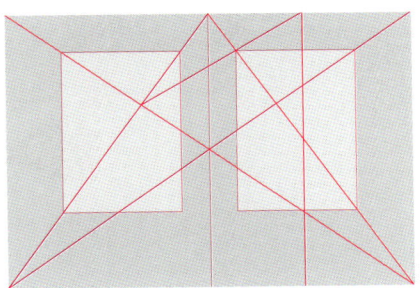

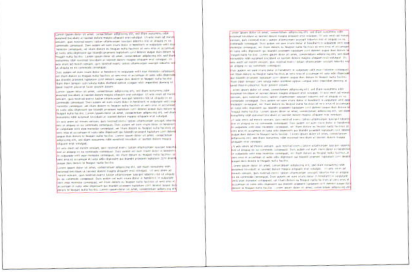

Formato padrão de livros

O formato de um livro é determinado por dois critérios principais: o tamanho da folha de papel original em que as páginas são feitas e o número de vezes que uma folha de papel é dobrada antes de ser refilada. Uma folha de papel é normalmente dobrada diversas vezes para formar um caderno ou seção, e muitos cadernos são reunidos para formar um livro. **Edições in-fólio** são livros feitos de cadernos que foram dobrados apenas uma vez. **Edições in-quarto** são formadas por cadernos dobrados duas vezes (resultando em quatro folhas ou oito páginas) e **edições in-octavo** são obtidas a partir de cadernos dobradas 3 vezes (resultando em 8 folhas ou 16 páginas). O formato utilizado para um trabalho é parcialmente determinado pelo pragmatismo – um atlas, por exemplo, tende a ser grande e um romance tende a ser pequeno –, mas também pela proporção e pela forma como a publicação será sentida ao ser pega em mãos. A ilustração abaixo mostra as diferentes proporções dos tamanhos mostrados na tabela à direita.

Tamanhos fora de padrão

Muitas vezes, designers utilizam tamanhos-padrão, mas tamanhos fora de padrão também são uma possibilidade. Tamanhos fora de padrão podem ser obtidos a partir da manipulação de um tamanho padrão (retirando a parte superior ou o lado, por exemplo) para criar um formato novo.

Tamanho do papel relacionado ao tamanho do livro:	mm x mm
Demy 16mo	143mm x 111mm
Demy 18mo	146mm x 95mm
Foolscap Octavo (8vo)	171mm x 108mm
Crown (8vo)	191mm x 127mm
Large Crown 8vo	203mm x 133mm
Demy 8vo	222mm x 143mm
Medium 8vo	241mm x 152mm
Royal 8vo	254mm x 159mm
Super Royal 8vo	260mm x 175mm
Imperial 8vo	279mm x 191mm
Foolscap Quarto (4to)	216mm x 171mm
Crown 4to	254mm x 191mm
Demy 4to	260mm x 222mm
Royal 4to	318mm x 254mm
Imperial 4to	381mm x 279mm
Crown Folio	381mm x 254mm
Demy Folio	445mm x 286mm
Royal Folio	508mm x 318mm
Music	356mm x 260mm

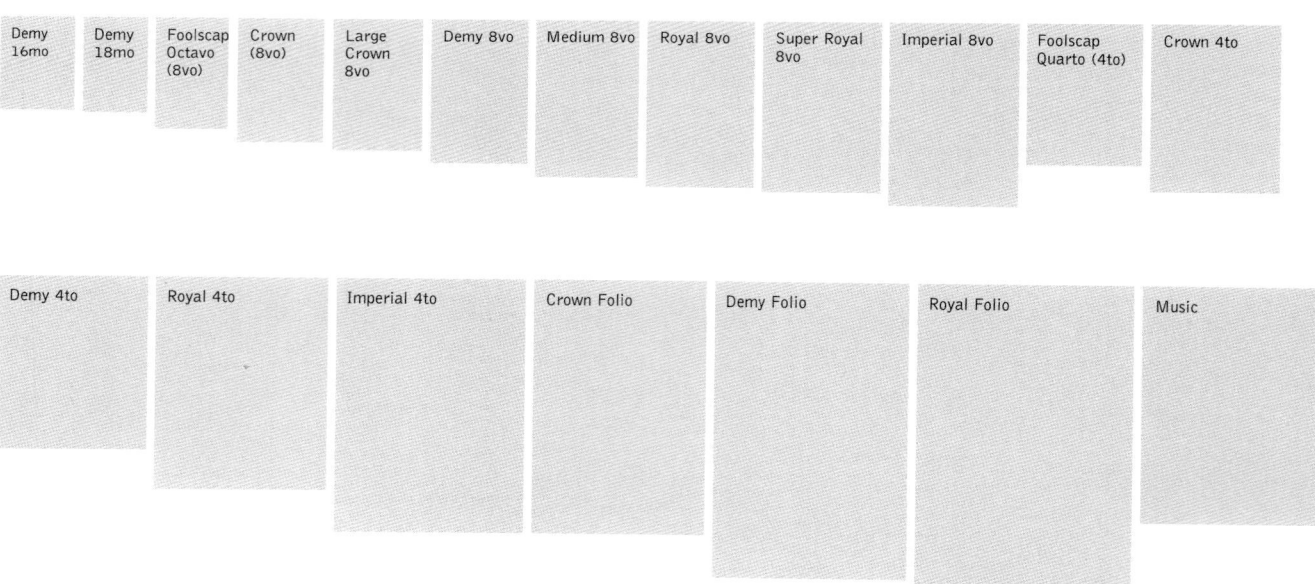

Acima: Tamanhos diferentes de página têm proporções diferentes. A relação entre altura e largura tem tanto impacto no layout da página quanto o tamanho básico do livro.

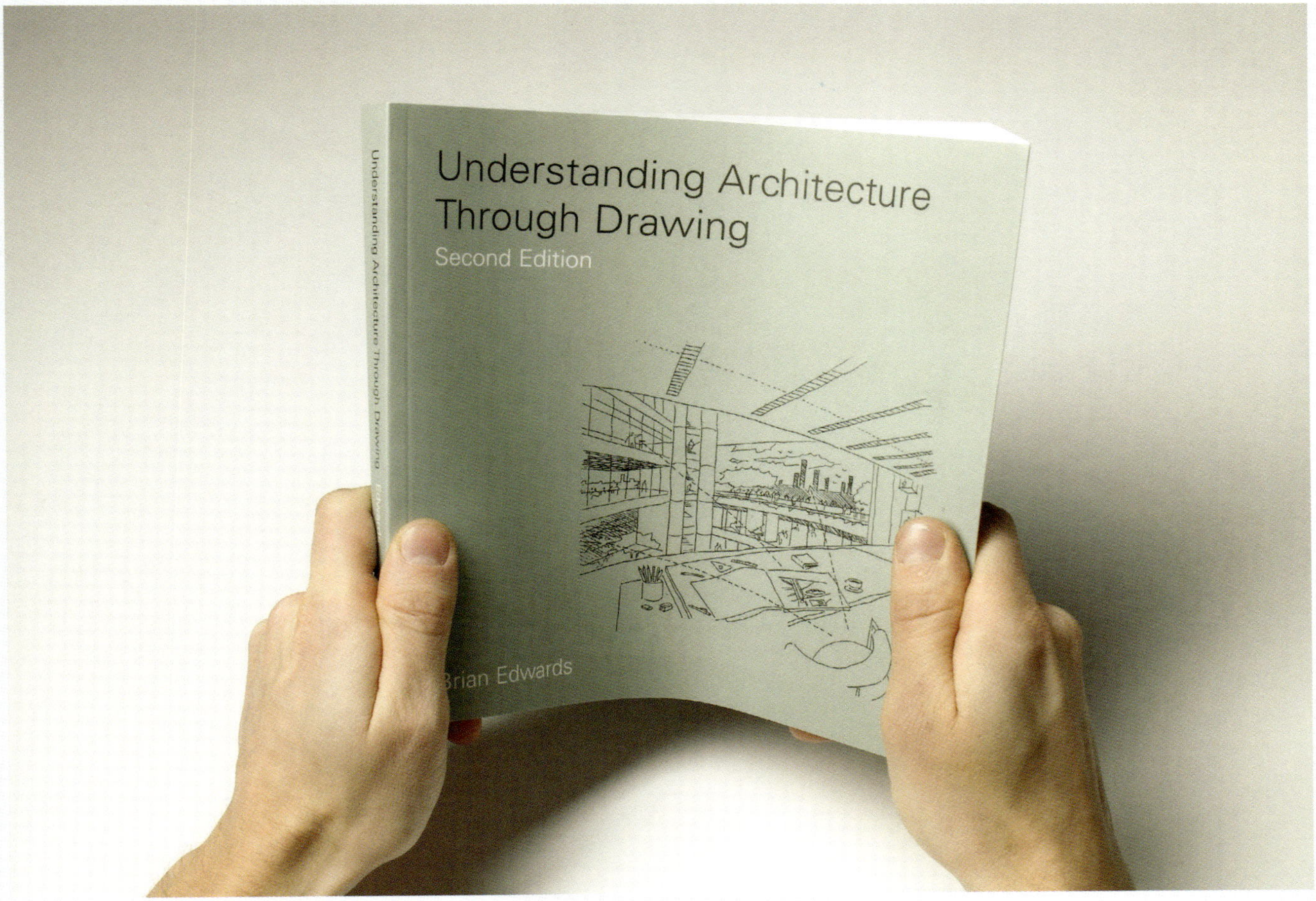

Escolhendo o tamanho da página   Tamanhos de papel ISO e Americano »   **Formato**

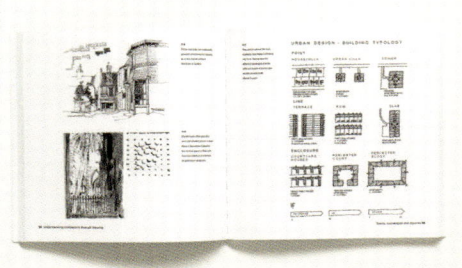
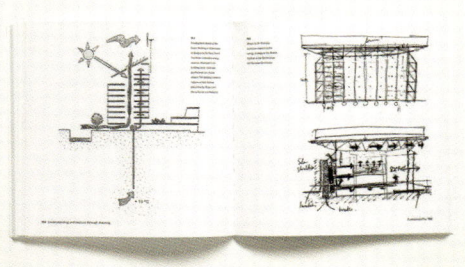

Understanding Architecture Through Drawing ↑ ←

Este formato fora de padrão tem 21,8cm x 21,6cm, uma alteração do padrão Demy 4to. O formato foi escolhido pois se "empresta" ao formato do conteúdo, mostrado à esquerda.

Design: Gavin Ambrose

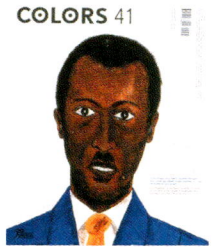   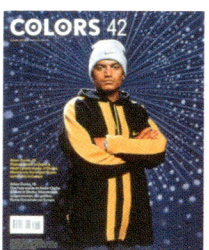 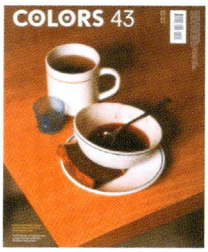 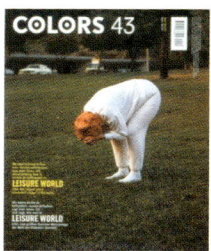
  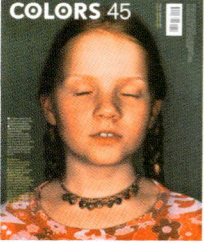   

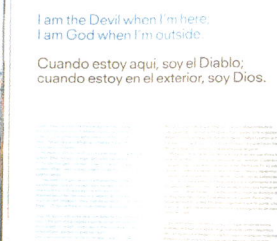 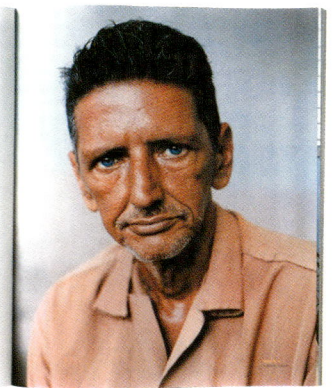 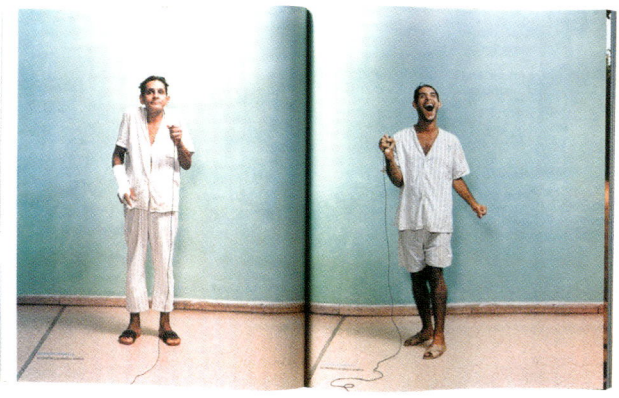

Escolhendo o tamanho da página   Tamanhos de papel ISO e Americano »   **Formato**

Benetton ↑ ← ↓

Os exemplos nestas páginas duplas foram tirados da revista bimestral Colors, patrocinada pela Benetton. As páginas espaçosas da revista são bastante adequadas para exibir uma fotografia vibrante. A revista também é produzida com duas capas: uma mundial e outra local, e é lançada em sete línguas.

Design: Pentagram

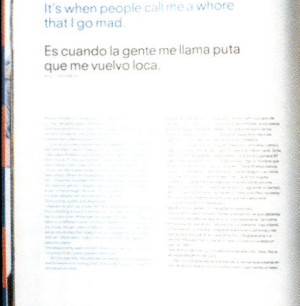
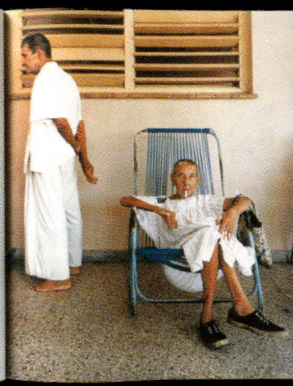

tamanhos de papel ISO e americano

Os tamanhos de papel padrão fornecem aos designers, tipógrafos e outros envolvidos na impressão e editoração um meio conveniente e eficiente de comunicar especificações de produtos e controlar custos. A origem desse padrão remonta ao século XIV em Bolonha, Itália, quando foram criados quatro formatos de papel para orientar os fabricantes locais.

O sistema moderno de formatos de papel ISO (International Organization for Standardization) baseia-se em uma observação feita pelo professor de física alemão Georg Christoph Lichtenberg que, em 1786, percebeu as vantagens de os tamanhos de papel terem uma razão entre altura e largura igual à raiz quadrada de dois (1:1,4142). Um papel com a razão de Lichtenberg manterá sua proporção quando cortado pela metade.

É possível verificar esse princípio de maneira muito clara com a realização de um experimento simples. Pegue uma folha de papel A4. Essa folha tem o tamanho de 297 x 210 mm e uma proporção de 1:161803. Se você dobrá-la ao meio e então girar a folha em 90°, o resultado será o próximo tamanho na sequência, nesse caso, o tamanho A5. O tamanho é diferente, mas uma das medidas permanece a mesma – a altura do A5 é igual à largura do A4 – 210 mm. Embora o tamanho da página seja menor, a proporção entre altura e largura é a mesma, conforme mostrado abaixo.

A França foi o primeiro país a adotar tamanhos de papel equivalentes aos formatos modernos ISO, com uma lei publicada em 1794. Hoje, o Canadá e os Estados Unidos são os únicos países industrializados que não utilizam o sistema ISO.

Os formatos ISO se baseiam no sistema métrico que usa a razão da raiz quadrada de dois, com o formato A0 tendo uma área de um metro quadrado. Como isso não permite que a altura e a largura da página tenham comprimentos métricos inteiros, a área da página foi definida com um valor métrico redondo, o que simplifica o cálculo da gramatura de um documento (formato x número de páginas), uma vez que o papel normalmente é especificado em g/m^2.

A série A compreende tamanhos de papel que se diferenciam dos tamanhos seguintes por um fator de 2 ou ½. Os tamanhos da série B são intermediários e os da série C são utilizados para envelopes que podem conter artigos de papelaria no tamanho A. Formatos de papéis RA e SRA são folhas de papel a partir dos quais tamanhos A podem ser cortados.

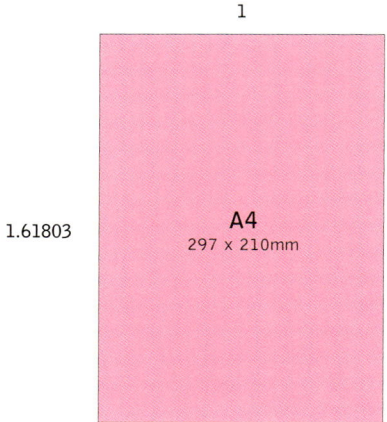

Pegue uma folha de papel da série de tamanhos A...

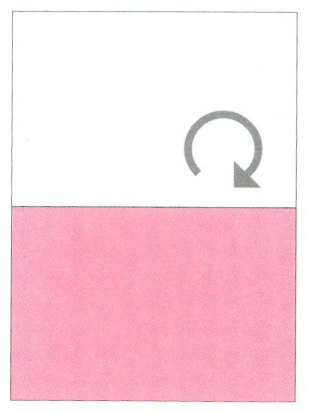

Dobre-a na metade no sentido da largura e gire 90°...

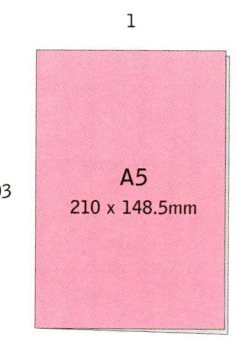

Agora, ela possui a metade do tamanho, mas a mesma proporção de altura e largura.

« Escolhendo o tamanho da página   **Tamanhos de papel ISO e Americano**   Tamanhos padrão da Web »   **Formato**

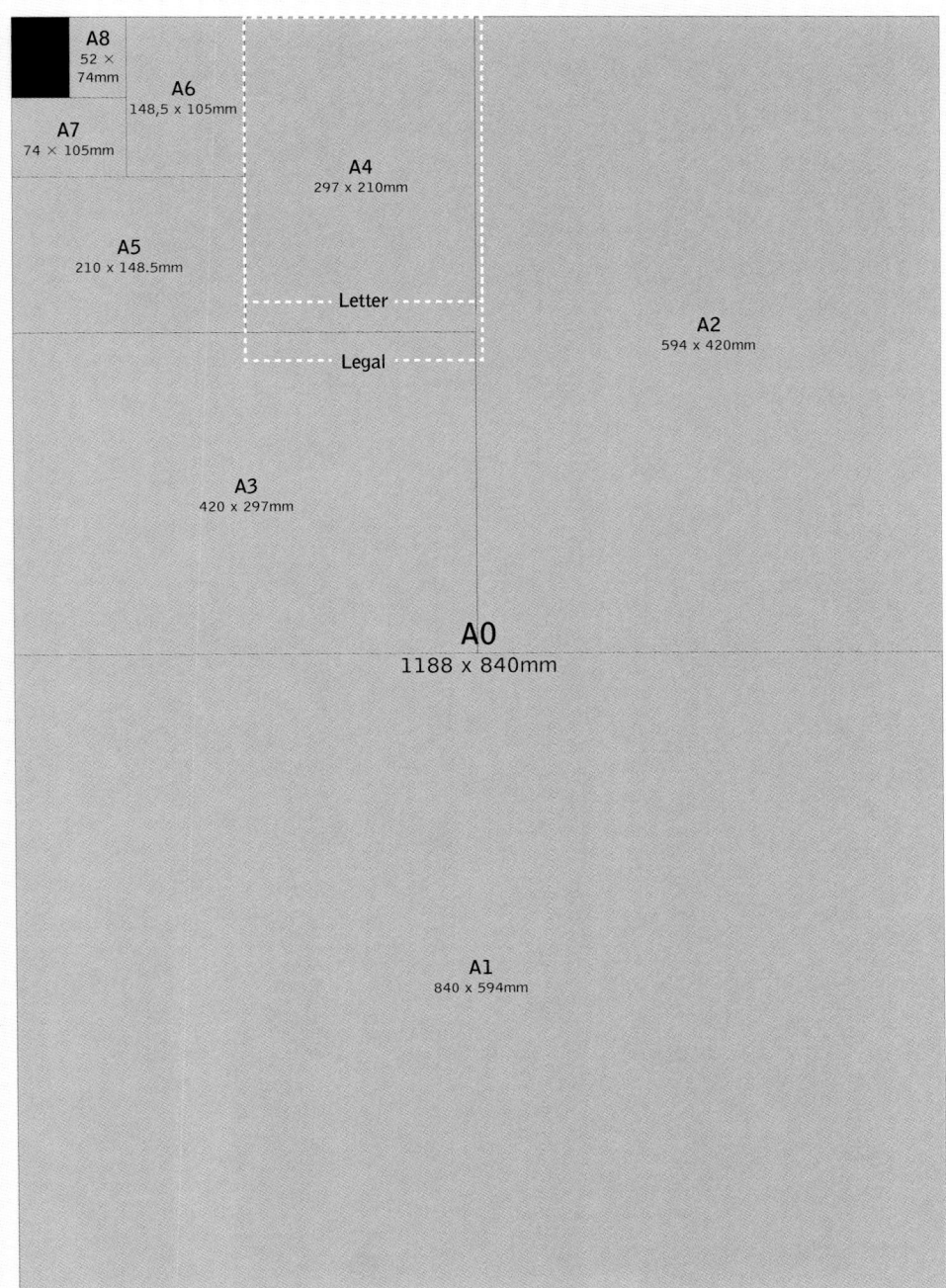

Tamanhos ISO A

Estes são os principais tamanhos A do sistema ISO. Eles são calculados em milímetros.

	mm x mm
A0	841 × 1189
A1	594 × 841
A2	420 × 594
A3	297 × 420
A4	210 × 297
A5	148 × 210
A6	105 × 148
A7	74 × 105
A8	52 × 74
A9	37 × 52
A10	26 × 37

Tamanhos de papel norte-americanos

Estes são os principais tamanhos de papel dos Estados Unidos. Eles são calculados em polegadas.

	pol. x pol.	mm x mm
Letter	8,5 × 11	216 × 279
Legal	8,5 × 14	216 × 356
Ledger	17 × 11	432 × 279
Tabloid	11 × 17	279 × 432

Série PA-4

Esta é a série PA, às vezes usada no Canadá. Os tamanhos são calculados em polegadas e um prolongamento lógico da proporção.

	mm x mm	razão
PA0	840 × 1120	3:4
PA1	560 × 840	2:3
PA2	420 × 560	3:4
PA3	280 × 420	2:3
PA4	210 × 280	3:4

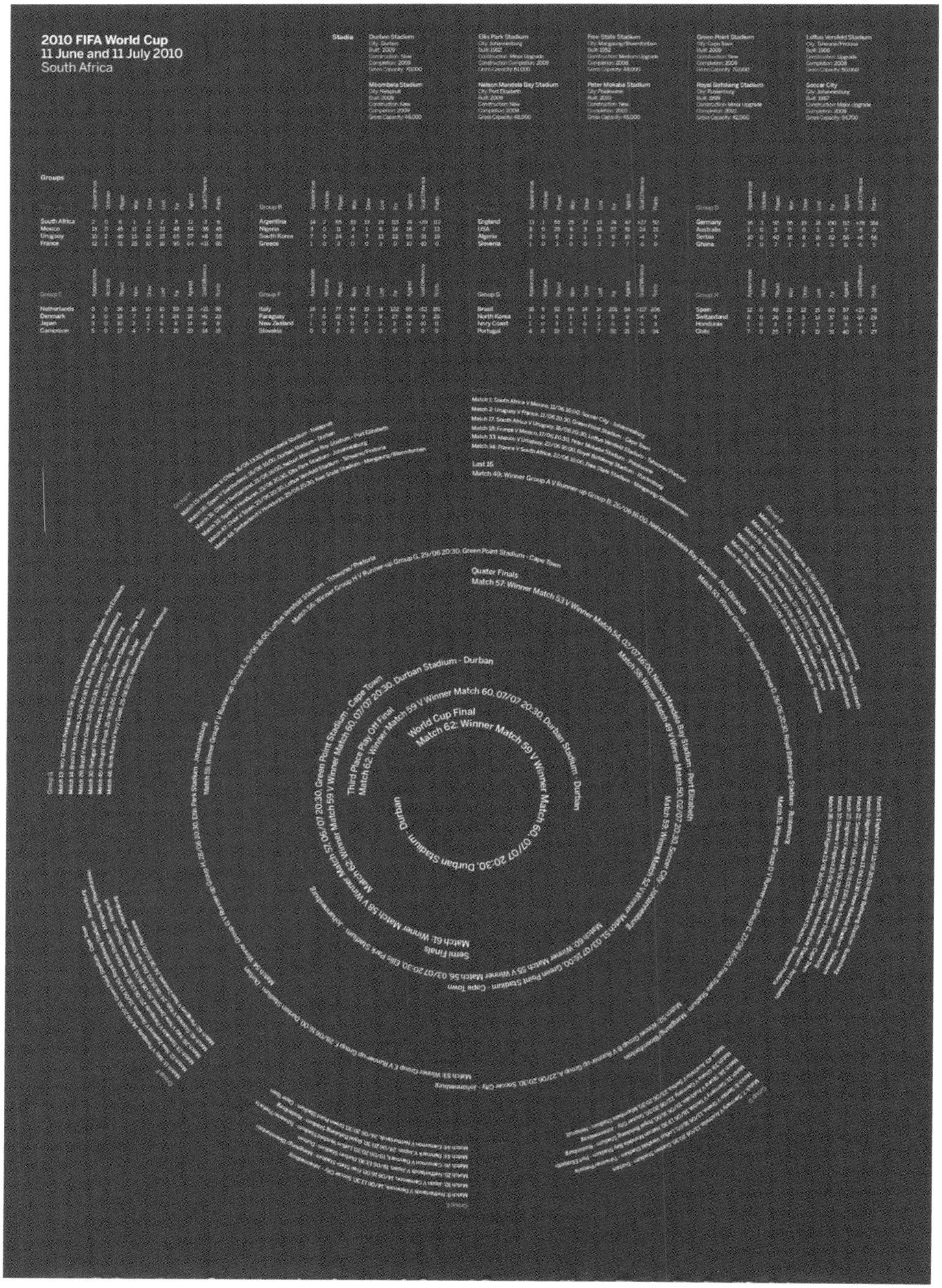

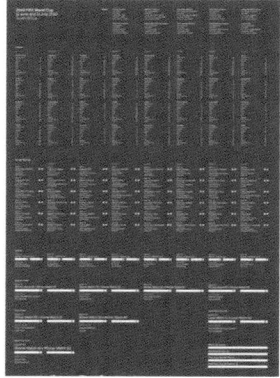

FIFA ← ↑

Este diário de futebol tipográfico com calendário e datas explora o espaço proporcionado por um pôster em formato A1.
Design: Planning Unit

Matchroom stadium →

Esta série de pôsteres de estádios de futebol famosos está disponível em A2, A1 ou A0. A abstração do formato e da forma cria uma série de formas gráficas, com a informação da localização aparecendo no canto esquerdo inferior. Como as proporções dos três lados são as mesmas, os pôsteres podem ser aumentados em escala sem alteração nas proporções.
Design: Jeff Knowles

« Escolhendo o tamanho da página   **Tamanhos de papel ISO e Americano**   Tamanhos padrão da Web »   **Formato**

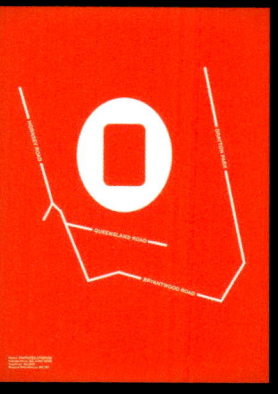
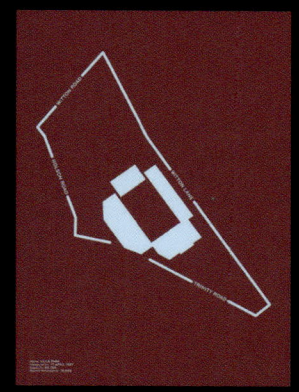

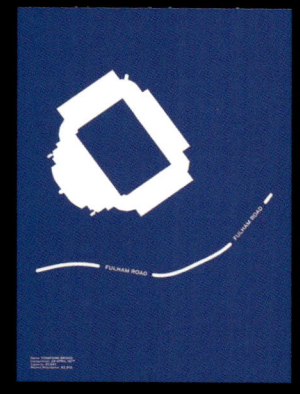
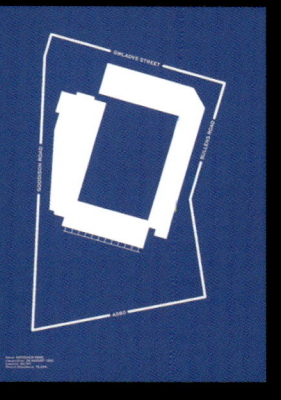

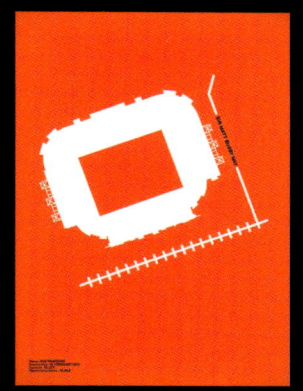
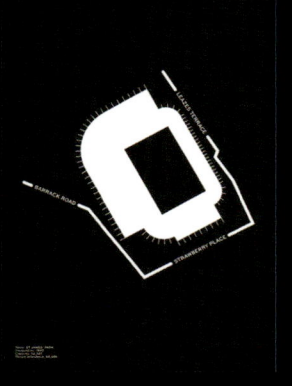

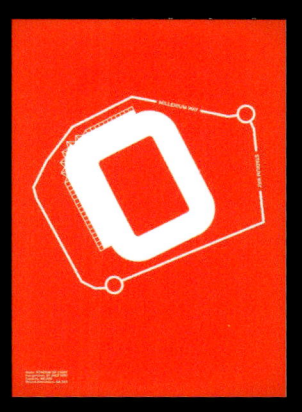
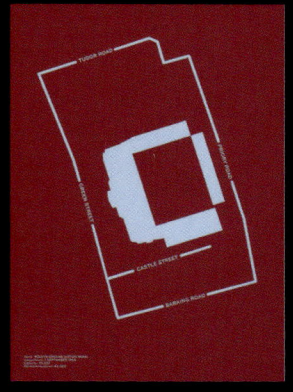
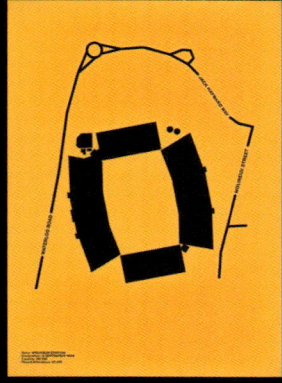

Merchant ↓ ↘ →

Neste relatório anual da Merchant, a padronização é abandonada resultando em uma mistura de formatos incomum e atrativa. Segmentos de informação compartimentada estão localizados em tamanhos individuais de página, o que facilitou a navegação de maneira surpreendente. As seções internas com alto brilho contrastam com tons mais leves da introdução, trazendo um elemento de surpresa e mudança de ritmo.

Design: NB: Studio

Abaixo: seleção de tamanhos de página utilizada para a série de pequenas vinhetas na brochura contidas em todo o documento. Isso cria um sistema de indexação com "abas" que permite o uso facilitado, além de conferir impacto gráfico.

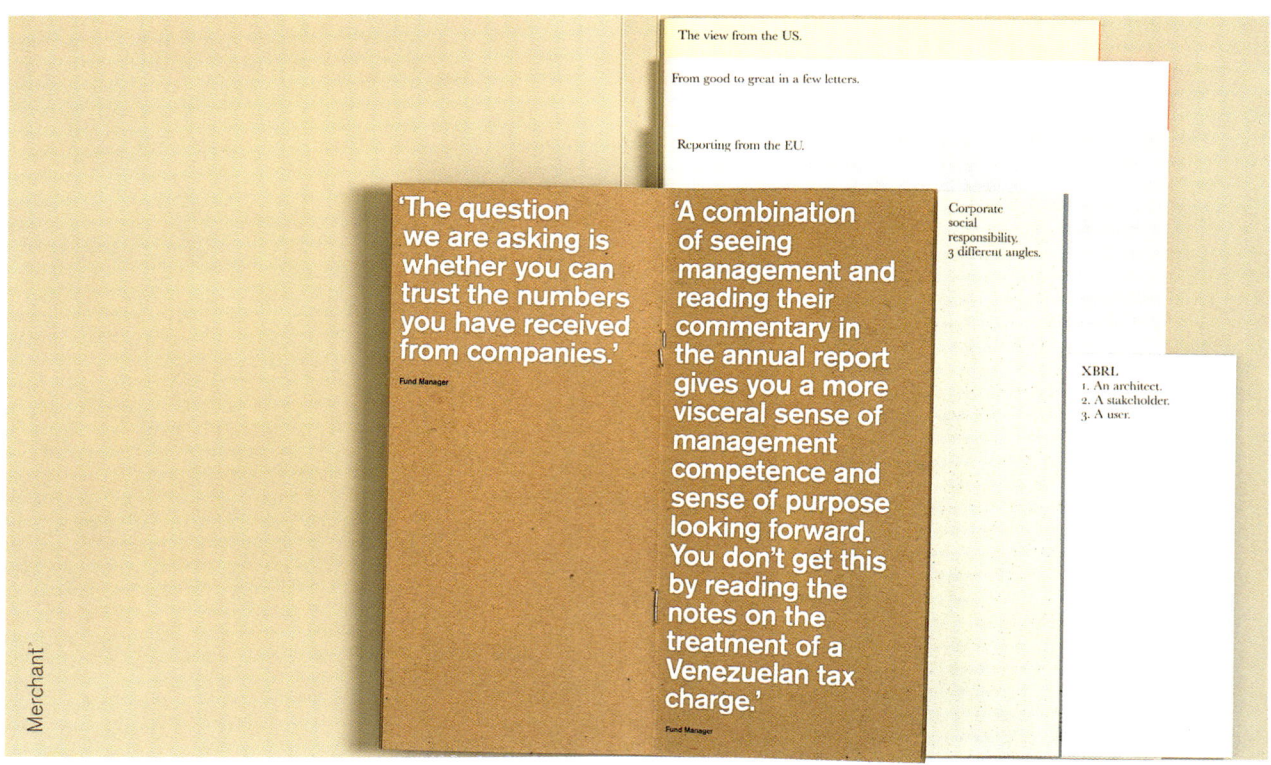

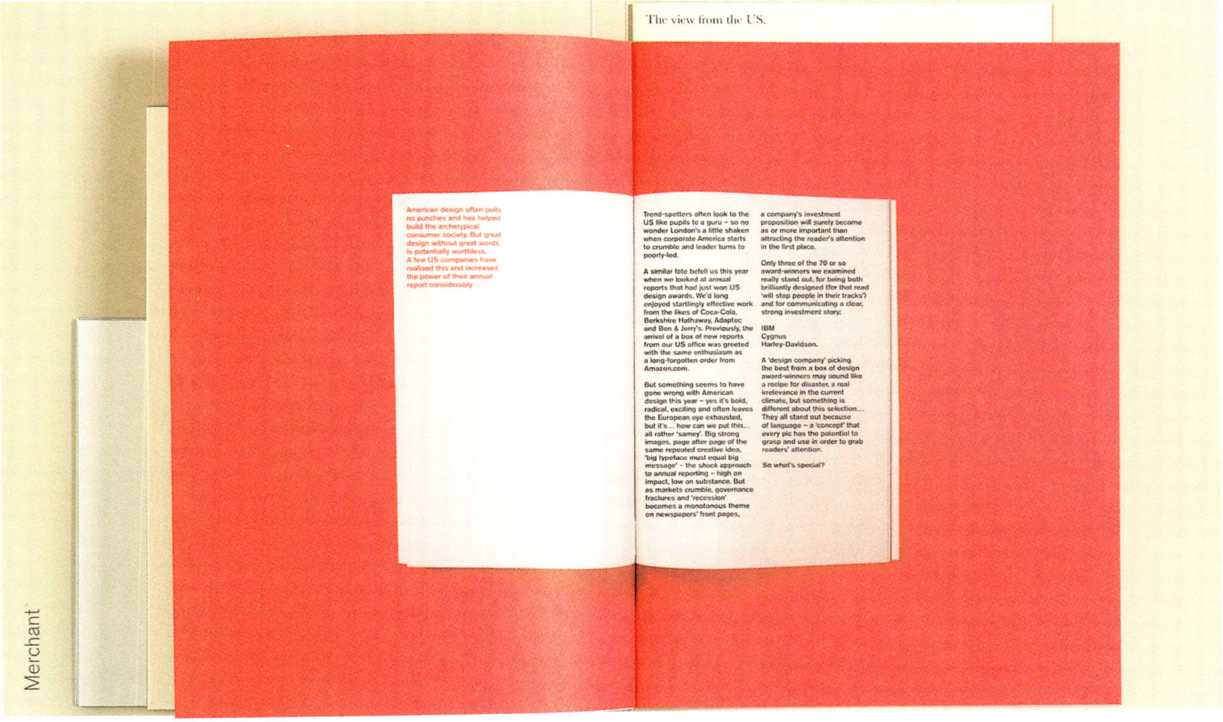

« Escolhendo o tamanho da página **Tamanhos de papel ISO e Americano** Tamanhos padrão da Web » **Formato**

Acima: embora a maioria das mudanças no tamanho do papel seja real, isto é, pedaços de papéis fisicamente diferentes, esse não é o caso de todos eles. Acima, uma página dupla em que o menor tamanho de página está impresso – uma forma de *trompe l'oeil* – para onde o olho é levado a enxergar algo que não está lá.

Direita: o uso confiante da "inundação" de uma cor plana cria uma pontuação visual no ritmo do documento.

tamanhos padrão da Web

Ao projetar um trabalho que será visto em uma tela ou em um monitor, há considerações diferentes daquelas utilizadas para o projeto impresso. A principal é a distância física de onde as pessoas verão o design. No entanto, podem-se utilizar diversos formatos e aspectos no mundo virtual que não estão disponíveis em meios impressos.

Os formatos de páginas na Web não se limitam pela extensão física e dimensões de um livro ou revista, já que o designer pode aproveitar um espaço virtual ilimitado disponível com recursos como caixas pop-up, animações, menus suspensos, barras de rolagem e de navegação. Porém, há o risco de criar um design carregado de recursos, que poderia confundir e causar ruídos.

A tela da TV ou do computador tem um número limitado de pixels que pode ser visto por vez. Porém, por causa de elementos como menus e barras de rolagem, que ocupam espaço, o espaço ao vivo nem sempre é tão grande como as dimensões em pixel da tela. As resoluções de tela comuns normalmente utilizadas para apresentação de websites são SVGA 800x600 e XGA 1024x768.

Fixo x rolagem
Websites podem ter páginas fixas ou com rolagem e isso irá depender de como se quer mostrar o conteúdo. Se o conteúdo pode ser disposto em uma página, os browsers podem mostrar isso sem a rolagem. A entrega de informações mais complexas pode precisar de um conteúdo que venha depois da tela visível. Nesse caso, o conteúdo tem uma "dobra" eletrônica. A "dobra" eletrônica é o ponto em que o conteúdo desaparece de vista na parte inferior da tela. Normalmente, a informação mais importante aparece na parte de cima da dobra e informações secundárias são posicionadas abaixo disso.

Layout líquido
Designers de web e de mídia digital podem utilizar layouts que se esticam para preencher qualquer tamanho de tela que o receptor necessite para visualizá-lo, em vez de ter um tamanho fixo. Esse recurso confere versatilidade e significa que o receptor não precisa mudar suas configurações de visualização para enxergar o conteúdo confortavelmente.

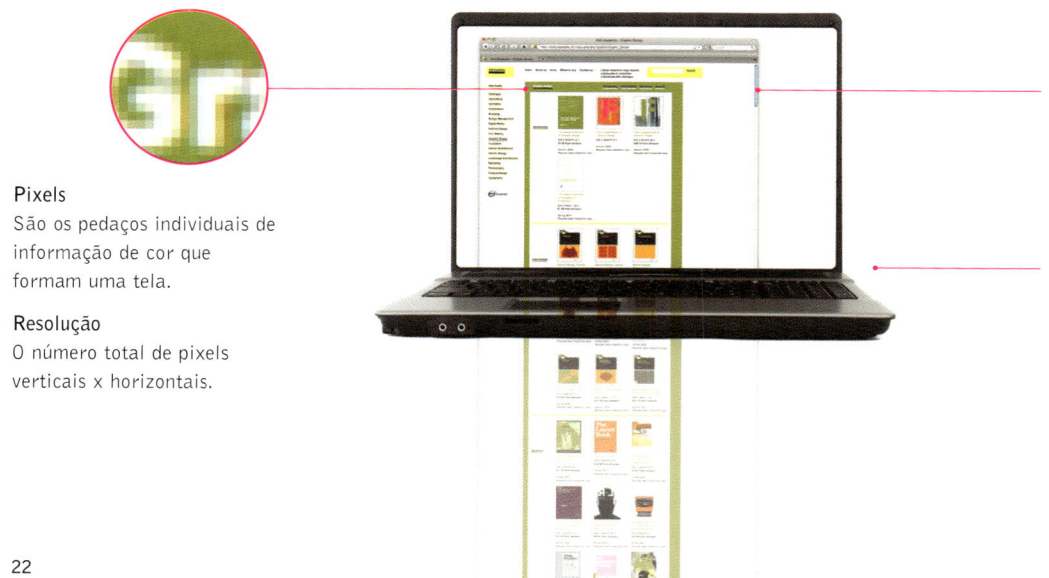

Pixels
São os pedaços individuais de informação de cor que formam uma tela.

Resolução
O número total de pixels verticais x horizontais.

Barras de rolamento
São as barras horizontal e vertical utilizadas para mover a página para cima ou para baixo.

A dobra
Parte de baixo da página visível da tela. Os conteúdos abaixo da dobra normalmente são considerados subordinados ao conteúdo acima. Conteúdos funcionais, como os detalhes para contato, devem aparecer, sempre que possível, na parte inferior da dobra.

« Tamanhos de papel ISO e Americano   **Tamanhos padrão da Web**   Filme e imagem em movimento »   **Formato**

2nd Floor ← ↑

Estas imagens foram retiradas de um site criado para uma loja grega líder no mercado de design. A homepage mostra um fluxo de imagens de fundo rotatórias (meio) sobre as quais um menu de rolagem "flutua" para levar os visitantes às páginas dos produtos (abaixo, esquerda).

Design: Beetroot

filme e imagem em movimento

Com os avanços tecnológicos, somos expostos e temos a chance de usar dispositivos que dão suporte a imagens em movimento e que podem mostrar uma variedade crescente em resoluções cada vez maiores. Mesmo os painéis relativamente básicos têm agora capacidades fortes e variadas. Os designers dedicam-se cada vez mais a oferecer imagens em movimento para sites, filmes, televisão, DVDs e propaganda online. Conteúdos gráficos na TV começaram a crescer com a popularidade da MTV nos anos 1980; isso se caracterizou pelo uso repetido de vinhetas inovadoras e criativas e outros elementos gráficos na tela além das imagens em movimento. Os designers também realçam as sequências das cenas na pós-produção utilizando sobreposição e ilustração para chamar a atenção da audiência e passar mensagens.

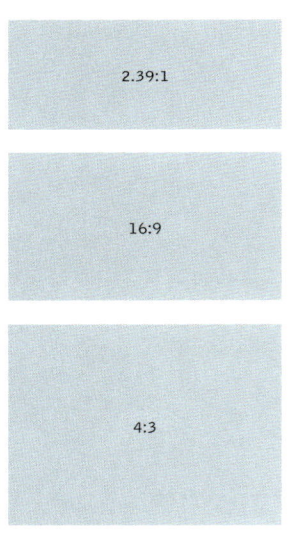

Os filmes estão disponíveis em formatos diferentes. O formato mais utilizado depende de onde o filme será passado ou utilizado. A tomada de um filme para o cinema possui um dos maiores formatos – 2.39:1 ou 1.85:1. Os filmes são, então, reeditados para transmissão em televisão, na qual o formato padrão é de 16:9. TVs e monitores de computador antigos podem utilizar o formato 4:3. O material filmado em formatos maiores pode ser reproduzido em dispositivos de proporções menores, o que pode ser feito por meio de cortes, ampliação ou *letterboxing* (enquadramento panorâmico). O *letterboxing* adiciona barras negras horizontais às seções de cima e de baixo de um filme para preservar a aparência da proporção original. Três proporções normalmente utilizadas em filme e televisão são mostradas à esquerda. Acima, 2.39:1 é o formato de cinema ou teatro; 16:9 é o formato *widescreen* e 4:3 é o formato para TV. Com cada um dos formatos, o perímetro precisa ser evitado no posicionamento ou uso do texto. Uma faixa de cerca de 10% em torno das bordas é considerada uma zona segura, conforme mostrado abaixo.

Abaixo, estão os três tipos de zona segura: *letterboxing*, *windowboxing* e *pillar boxing*.

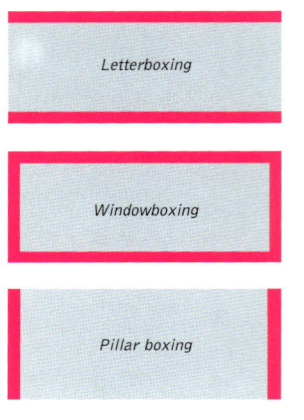

« Tamanhos padrão da Web   **Filme e imagem em movimento**   Formatos de arquivo »   **Formato**

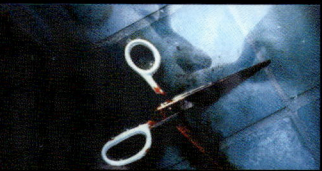  

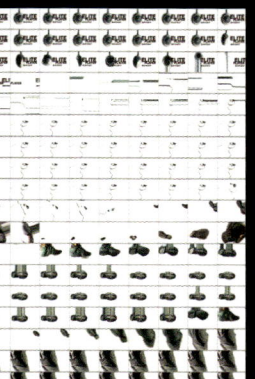 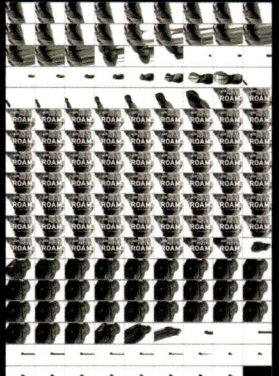

Minority Report ↑

Estas imagens são pré-visualizações de sequências para o filme *Minority Report*. Cada pré-visualização é um prenúncio de um assassinato que ocorrerá no futuro e todos são momentos cruciais no filme. As sequências combinaram trabalho especial com câmera, edição e design de forma que cada elemento trabalhasse em harmonia para tornar a história convincente.

Design: ImaginaryForces / Matt Checkowski

Transitions ← ↙

A manipulação de imagem não se restringe a imagens estáticas. Na sequência à esquerda e abaixo, a forma de um sapato é alterada pela quebra da imagem para baixo em linhas verticais que gradualmente desaparecem antes de se transformar em um relógio.

Design: ImaginaryForces / Matt Checkowski

  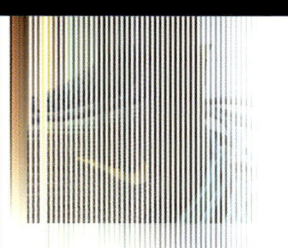 
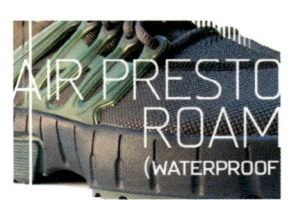  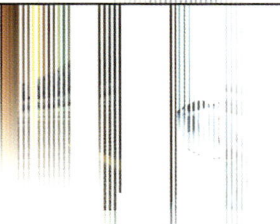 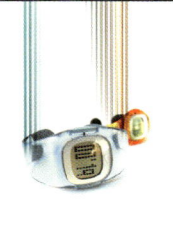

Portland Trail Blazers ↑

As imagens acima são da transmissão no telão do estádio da identidade de um time de basquete da NBA, o Portland Trail Blazers. Elas capturaram a emoção que o time leva ao jogo dentro de um *framework* que unifica a marca da franquia. O design tem faixas gráficas vermelhas, pretas e prateadas icônicas, aparentemente com uma vida própria. O design salta dos uniformes dos jogadores e forma logos, transições, *crowd prompts* (invocações para participação do público na partida) e *match-up screens* (telas de abertura com informações sobre os times etc.). Todos os elementos se movem dinamicamente resultando em uma identidade que salta ao ritmo do basquetebol e se desloca com o movimento dos jogadores.

Design: ImaginaryForces/Matt Checkowski

« Tamanhos padrão da Web   **Filme e imagem em movimento**   Formatos de arquivo »   **Formato**

Implantação de filme na Web

Quando o uso da *World Wide Web* se espalhou, devido à baixa velocidade de download, o filme não podia ser efetivamente carregado e utilizado nesse meio. Conforme a tecnologia foi melhorando, melhorou também o desempenho dos computadores pessoais; isso também levou à melhora de velocidade de download, o que significa que agora é possível incluir clipes de filmes em páginas da Web e visualizar o conteúdo de *streamings* como eventos esportivos, shows de TV e filmes *online*. Com essa mudança nos hábitos dos usuários, os elementos fílmicos (e suas qualidades) são cada vez mais implantados em espaços Web para criar um ambiente mais envolvente e fluido. Ao adicionar o dinamismo do filme na Web, o resultado é um aumento na experiência de controle de visualização demandada pelo usuário.

Eric Parry Architects ↙ ↓

Este website criado para a Eric Parry Architects é quase desprovido de navegação, com apenas uma simples barra "nódulo-e-linha" do filme. Essa barra é uma reminiscência do mapa do metrô, o que implica que o usuário pode se mover nos filmes e, além disso, em Londres. Os filmes de Mark Logue ocorrem no centro da cena e a proeminência com os outros elementos vai "desvanecendo" no fundo.

Design: Urbik / Mark Logue / Gavin Ambrose

Tipos de arquivos

MPEG (.MPG)

O formato Moving Pictures Expert Group (MPEG) é um produto final originalmente desenvolvido para comunicações de baixa taxa de bits de vídeo, mas o seu uso e escopo foram expandidos por causa da eficiência encontrada desde uma grande gama de taxas de bits até dezenas de megabits por segundo. Os arquivos MPEG são filmes comprimidos que contêm áudio e vídeo e mantêm a maior parte da qualidade do filme original, por isso sua popularidade na codificação de trailers de filmes e videoclipes na Web.

AVI (.AVI)

Os arquivos AVI ou Audio Video Interleave foram introduzidos pela Microsoft em 1992 para rodar um vídeo no Windows. O arquivo AVI contém áudio e vídeo e permite a reprodução sincrônica de áudio/vídeo. O formato AVI suporta múltiplos *streamings* de áudio e vídeo. Os designers muitas vezes utilizam o formato AVI para editar o conteúdo de um vídeo e então codificam o produto final em MPEG. Os arquivos AVI podem resultar em arquivos pesados quando baixas taxas de compressão são utilizadas.

Flash Video (.FLV)

O Flash Video é um formato de arquivo que fornece vídeo na internet utilizando o Adobe Flash Player. O formato Flash é o escolhido para a incorporação de vídeo na Web, já que praticamente todas as pessoas têm o Adobe Flash Player instalado em seu navegador. Além disso, a maioria dos websites de compartilhamento de vídeo estão em Flash, incluindo o YouTube e a BBC. O formato Flash também produz um dos menores tamanhos de arquivo após a compactação e mantém uma qualidade razoável.

formatos de arquivo

Diversos formatos de arquivo estão disponíveis para o armazenamento de imagens, e cada um oferece suas vantagens e desvantagens. Os formatos de arquivo incluem TIFF, JPEG, PSD, PDF, EPS e BITMAP. Esses formatos representam essencialmente o fluxo de trabalho do processo de design gráfico e os diferentes arquivos utilizados para o progresso do trabalho.

Observando imagens

Uma imagem contém informações. Quando observadas em um programa de manipulação de imagem, a parte superior da imagem mostra o nome do arquivo (A), o formato de arquivo (B), o seu modo de cor (C) e sua profundidade de bits (D). No exemplo abaixo, os dois últimos são CMYK e 8 bits. Estar familiarizado com essas variáveis é importante quando se trata de salvar e armazenar imagens. É normal que uma imagem tenha oito bits, mesmo que as imagens originais profissionalmente capturadas sejam muitas vezes de 16 ou até mesmo de 32 bits. Os arquivos com bits mais altos são utilizados normalmente quando se trabalha em uma imagem, antes de salvá-la em um tamanho de arquivo mais gerenciável.

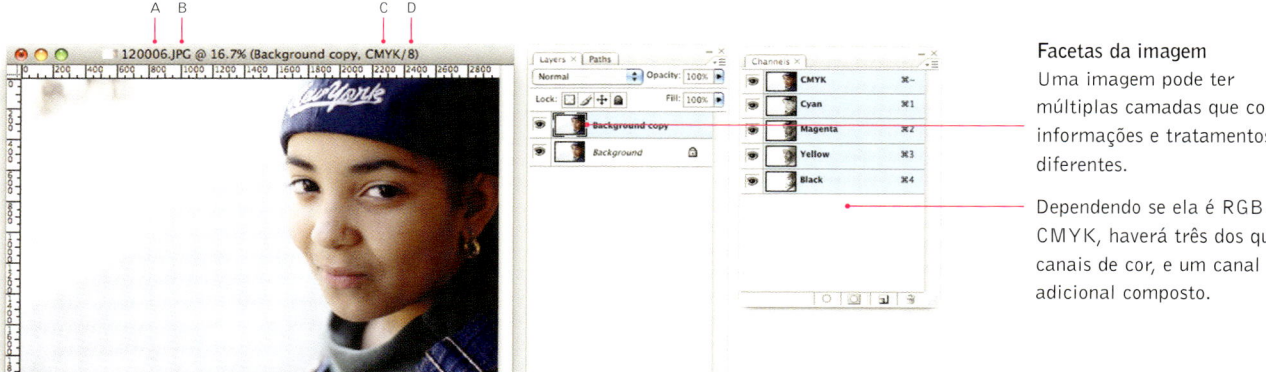

Facetas da imagem

Uma imagem pode ter múltiplas camadas que contêm informações e tratamentos diferentes.

Dependendo se ela é RGB ou CMYK, haverá três dos quatro canais de cor, e um canal adicional composto.

Salvando imagens

Como diversos formatos de arquivo estão disponíveis ao salvar uma imagem, o que se deve considerar é para que a imagem está sendo salva. Se uma imagem deve ser utilizada para impressão, geralmente ela será salva como TIFF em formato CMYK em 300 dpi. Se uma imagem será utilizada na tela, geralmente será salva como um arquivo JPEG em RGB com uma resolução de 96 ou 72 dpi.

Compressão

As imagens podem ser comprimidas (A) para criar um arquivo de tamanho menor. O tamanho do arquivo é reduzido, limitando a quantidade de informações contidas na imagem – ou seja, a qualidade da imagem também será reduzida. Ao comprimir as imagens, há um equilíbrio entre a qualidade e o tamanho do arquivo. Para uso em tela, uma imagem de 96 dpi terá a mesma aparência de uma imagem de 300 dpi, já que ambas serão vistas em um monitor. No entanto, imagens de 300 dpi vão demorar mais para carregar, pois os arquivos têm tamanhos maiores. A velocidade de carregamento é uma das razões para que as resoluções mais baixas sejam as preferidas para o uso em tela.

Camadas

Ao trabalhar com uma imagem com diferentes camadas, ela precisa ser salva em formato PSD, TIFF ou Large Document Format, caso contrário, será reduzida a uma única imagem que você não será possível editá-la.

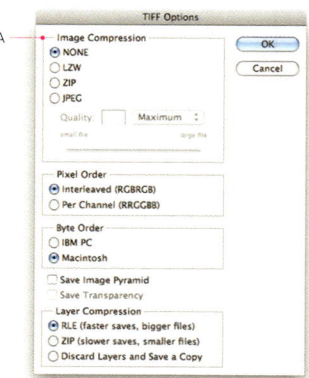

« Filme e imagem em movimento   **Formatos de arquivo**   Formato / Proporção »   **Formato**

Para fins de comparação, as imagens abaixo mostram diferentes formatos de arquivo utilizando a mesma imagem.

RGB e CMYK
Imagens que usam três ou quatro canais de cor. O formato RGB tem como resultado tamanhos menores de arquivo quando comparado com CMYK, mas o CMYK é necessário para impressão de quadricomia.

GIF
Um formato de arquivo para a compressão da linha e planificação das cores das imagens que serão utilizadas em aplicações na Web. Essas imagens se tornam menores de acordo com o uso reduzido de cores (oito cores são utilizadas neste exemplo).

Escala de cinza
É um tom contínuo produzido a partir de tons de cinza.

TIFF
Salvar uma imagem em escala de cinza como arquivo TIFF permite que seja colorida em um programa de manipulação de imagens.

Bitmap
É uma imagem de varredura composta de pixels em uma grade com uma resolução fixa. Existem diferentes padrões e níveis disponíveis ao fazer um bitmap.

JPEG
Os arquivos JPEG podem ser comprimidos para um tamanho de arquivo reduzido, mas a qualidade da imagem se degrada se o arquivo for muito comprimido, como mostrado aqui.

Duotone
Dois tons. Esta imagem foi salva em formato EPS e contém duas cores — amarelo e preto. Trítonos e quadtonos contêm três ou quatro cores, respectivamente. Eles também podem ser "inundados", ação em que o fundo é 100% da cor, conforme mostrado aqui.

EPS
Os arquivos EPS também são utilizados para salvar duotones, mas eles são utilizados principalmente para salvar imagens vetorizadas, como ilustrações e logotipos.

Formato / Proporção

Exercício 1 – Formato

Premissa
Inúmeras opções de formato estão disponíveis para apresentar informações de diferentes maneiras.

Exercício
Imagine que você tem três clientes diferentes – cada um querendo designs inovadores e atraentes que destaquem as informações principais. Pense em quais formatos (incluindo diferentes tamanhos, materiais e métodos de dobragem) podem ser utilizados para produzir um catálogo de uma galeria para um leilão, uma brochura para uma companhia de música e um mapa de transporte. Não se restrinja pelo que você pensa que o formato "deveria" ser.

Resultado
Produza uma visualização das suas soluções explicando as escolhas que fez e como elas atendem às diferentes necessidades dos clientes.

Objetivo
Incentivar uma apreciação mais ponderada sobre o uso do formato no design e sobre onde e quando as técnicas de formato podem produzir resultados notáveis.

Mapa de Medway ← ↑

Este pôster da Urbik mostra uma série de dobras que revelam informações. O mapa é uma combinação do real, daquilo que já existe na área de Medway, e um mapa de ideias e possibilidades – as coisas que estarão lá no futuro. Este é um formato tradicional para se usar em um mapa, mas como a mesma informação poderia estar contida em um livro, uma série de selos ou um baralho de cartas?

« Formatos de arquivo   **Formato / Proporção**   **Formato**

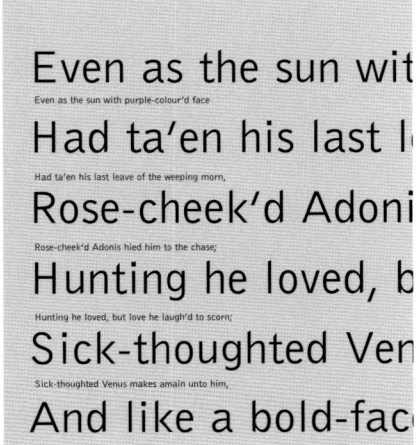

Demy 4to

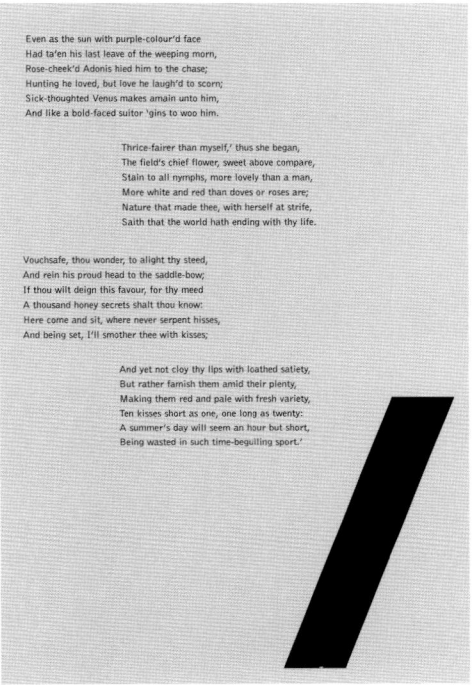

Crown Folio

Medium 8vo

Exercício 2 – Proporção

Premissa
O formato utilizado para um design muda seu impacto visual.

Exercício
Selecione um texto, como um poema ou uma receita, e organize-o em três páginas de tamanhos diferentes dadas na página 12 deste capítulo.

Resultado
Produzir uma visualização de suas soluções e comentar como as proporções de diferentes tamanhos de página afetam o design em termos de espacejamento, tamanho da fonte usado, cor tipográfica, impressão visual geral, etc.

Objetivo
Mostrar como a seleção do formato pode afetar o peso tonal e o resultado de um design.

Proporção ↑
Como a proporção de uma página pode afetar ou influenciar a maneira como você organiza o texto? Realizar experimentos com tamanhos de página pode resultar em efeitos radicalmente diferentes, de calmo a ativo, de dinâmico a estático.

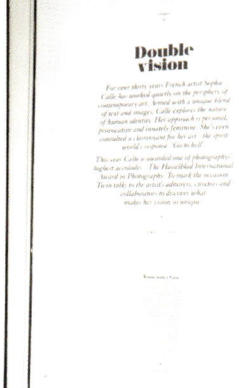

« Formato   **Layout e grids**   Tipografia »   **Layout e grids**

Layout e grids

Layout é o arranjo dos elementos do design em relação ao espaço que eles ocupam no esquema geral do projeto. Também é chamado de gestão da forma e do espaço. O objetivo do layout é apresentar os elementos visuais e textuais de maneira clara e eficiente ao leitor. Com um bom layout, o leitor pode navegar por informações bastante complexas tanto na mídia impressa quanto na eletrônica.

A disposição dos vários elementos no layout é orientada pelo uso de um grid – uma série de linhas de referência que ajudam a dividir e organizar uma página, permitindo a disposição rápida e precisa dos elementos do design. Os grids também asseguram a consistência visual de página a página.

TWIN ←

A beleza de um grid se torna aparente ao longo de uma série de páginas. Alguns itens se mantêm constantes, enquanto outros são alterados. O ritmo é acrescentado, o tamanho da fonte varia e a relação entre as imagens se altera, criando um design dinâmico e atrativo.

Design: Research Studios / Planning Unit

por que usar um grid?

Essa pergunta pode parecer estranha, já que acabamos de dizer, em termos simples, que um grid é necessário, que um grid é bom. Mas para que ele serve? Será que ele é sempre bom? Como designer, você precisa entender como construir um grid e conhecer os diferentes tipos de grid que estão à disposição.

Josef Müller-Brockman (1914-1996) estabeleceu uma prática de design própria em 1936 quando era estagiário em Zurique. Ele é citado como uma influência para o design moderno e, para os sistemas de grid. Nesta página, encontramos um mantra concebido por Müller-Brockman explicando o propósito de um grid. A partir disso, fica claro que o grid oferece dois resultados bastante diferentes: um é lógico e o outro é emocional. Müller-Brockman fala primeiro sobre a capacidade que o grid tem de apresentar de forma objetiva um argumento, e que o grid é sistemático e lógico. Entretanto, ele também fala de ritmo e tensão, termos que podemos associar mais à arte ou à poesia. Essa é a grande questão do grid: ele deve permitir que o designer crie designs semelhantes a trabalhos artísticos ou à poesia.

Grids diferentes para propósitos diferentes

Não existe um grid absoluto. Existem, na verdade, muitos grids, assim como muitos projetos. O grid criado para qualquer trabalho irá variar e, muitas vezes, necessitar de adaptações conforme o design se desenvolve. Nas páginas seguintes, iremos explorar algumas abordagens diferentes as quais o designer pode utilizar para desenvolver o grid. Por fim, o grid deve facilitar a liberdade do design em vez de limitá-lo. Deve tornar a disposição dos itens uma tarefa mais fácil e lógica. Que grid usar, ou mesmo se um grid deve ou não ser utilizado é uma decisão tomada de acordo com a intenção do trabalho. O que você está tentando atingir? O grid irá ajudá-lo a atingir esse objetivo?

Trabalhando com um grid / trabalhando sem um grid

Trabalhar com um grid dá ao designer uma estrutura imediata a fim de guiar a disposição de elementos de projeto, o que contribui para um processo eficiente e rápido. O grid permite que o designer mantenha a uniformidade do design ao longo de diferentes páginas ou em uma série de publicações. Trabalhar sem um grid dá ao designer flexibilidade total sobre a disposição de elementos. No entanto, a falta de estrutura significa que todas as relações espaciais entre os objetivos terão de ser pensadas e determinadas. É bastante provável que isso vá aumentar o tempo de trabalho necessário para o layout e resulte em designs imprecisos. Trabalhar sem um grid também torna mais difícil de manter a consistência do design ao longo de páginas diferentes.

a
construir o raciocínio objetivamente com os recursos da comunicação visual

b
construir o texto e o material ilustrativo sistemática e logicamente

c
organizar o texto e as ilustrações de forma compacta e com seu próprio ritmo

d
unir o material visual de forma facilmente inteligível e estruturada com alto grau de tensão

Josef Müller-Brockman, 1981

Por que usar um grid? O perímetro » **Layout e grids**

Metropolis ←

O uso de uma fonte curvilínea e serifada para o título do artigo contrasta bem com o conteúdo. A apresentação tipográfica leva ao desafio de percepções normais na representação do conteúdo assim como o uso de um grid angular. O ângulo incomum deixa grandes áreas de espaços em branco e reforça a mensagem de que ideias abstratas de design podem melhorar o mundo a nossa volta.

Design: Pentagram

Architecture ↑ ↖

No layout da capa da revista Architecture, vemos o cabeçalho se estender para os conteúdos do interior da página – uma abordagem ativa que confere dinamismo à publicação.

Design: Pentagram

Para mim, bom design significa o mínimo possível.

Simples é melhor do que complexo.

Silencioso é melhor do que barulhento.

Discreto é melhor do que chamativo.

Pequeno é melhor do que grande.

Leve é melhor do que pesado.

Preto e branco é melhor do que colorido.

Harmonia é melhor do que divergência.

Equilíbrio é melhor do que intensidade.

Continuidade é melhor do que mudança.

Esparso é melhor do que profuso.

Neutro é melhor do que agressivo.

O óbvio é melhor do que aquilo que precisa ser decifrado.

Poucos elementos são melhores do que muitos.

Um sistema é melhor do que elementos únicos.

Dieter Rams, 1987

Dieter Rams, designer industrial alemão que trabalhou para a empresa de produtos elétricos Braun, foi pioneiro do movimento modernista. Posteriormente, seu trabalho se tornou sinônimo de "simplicidade silenciosa".

Por que usar um grid?   O perímetro »   **Layout e grids**

David Spillar ← ↓

Este é um catálogo do artista David Spillar. A imagem está escondida em páginas que se revelam sob divisórias em tipografia bold. O grid é utilizado para balancear o texto e a imagem, dando ritmo e tensão à composição – temas consagrados por Joseph Müller-Brockman.

Design: Studio AS

Abaixo (esquerda para direita): O grande formato padrão *spreadsheet* original; o formato revisado Berliner e o suplemento diário g2.

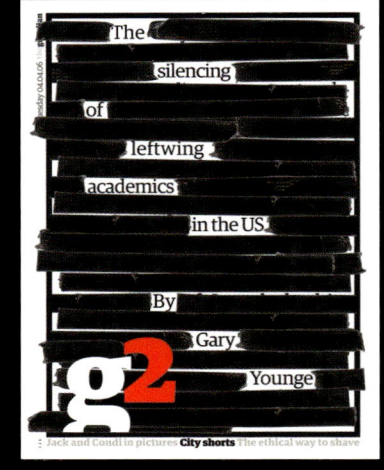

Direita: A página dupla Eyewitness, que significa "testemunha ocular", é uma característica regular do jornal The Guardian. Rompendo a tradição, a inclusão de apenas uma imagem, com uma pequena legenda corrida, é surpreendentemente comovente. Essa celebração do poder de uma imagem cria um diferencial para o jornal. Uma imagem realmente fala mais do que mil palavras.

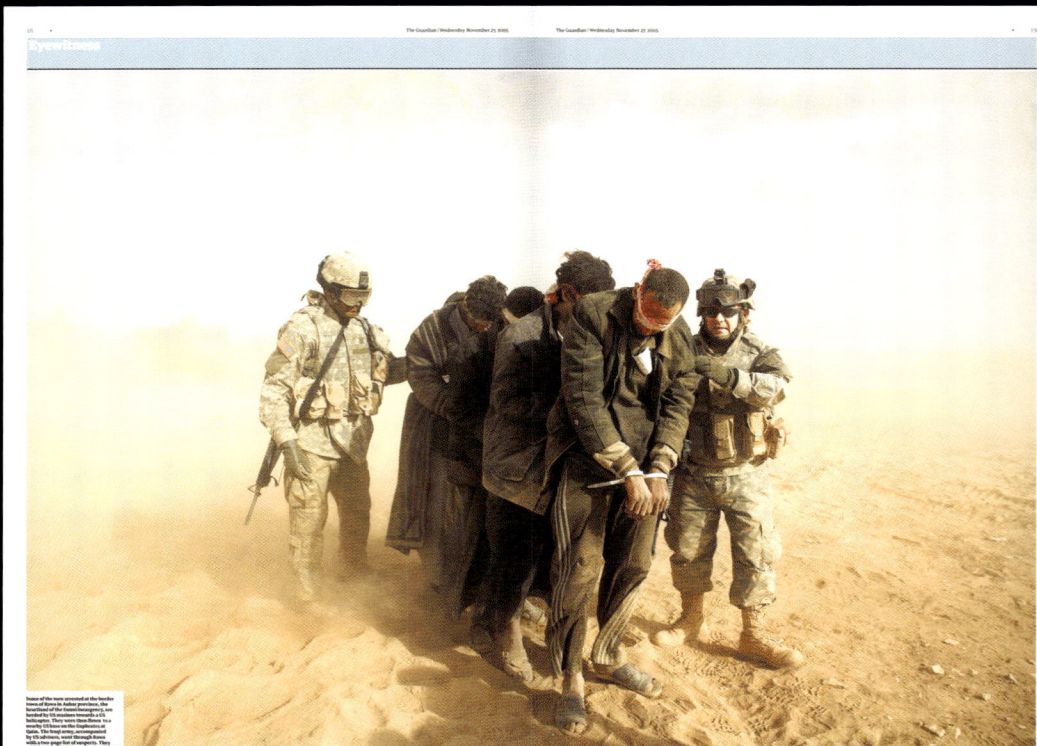

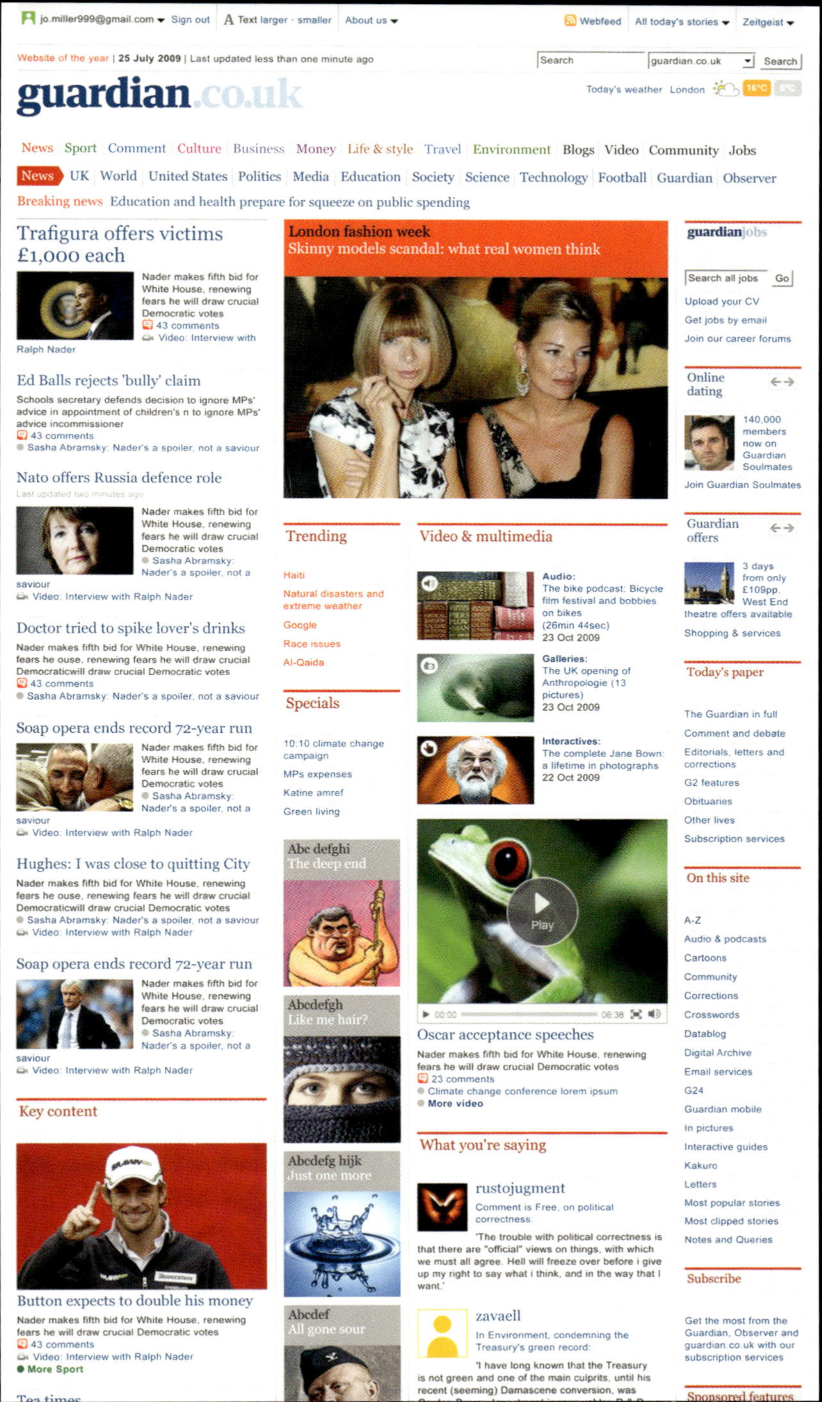

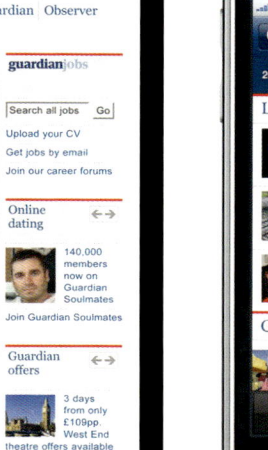

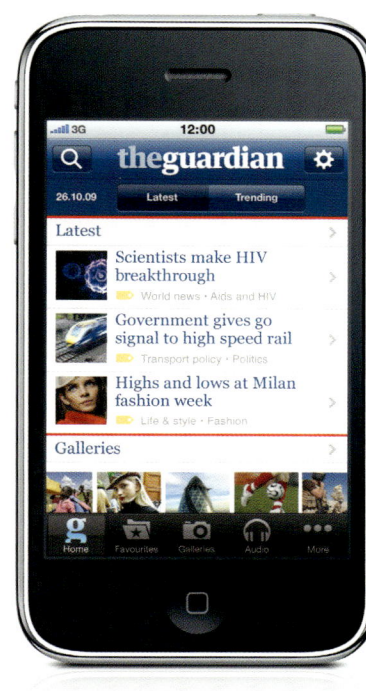

Por que usar um grid? O perímetro » **Layout e grids**

The Guardian ← ↑

A mudança nas tecnologias hoje exige que os jornais entreguem conteúdo nos formatos impresso e online. Características compartilhadas podem ser vistas entre essas mídias por meio da relação de uso de cor (faixas azuis) e de tipografia. A folha original (normalmente 600 mm de altura) foi substituída por um formato Berliner mais compacto, o que encurta visualmente a página para 470 mm. Esse formato popular europeu reflete mudanças na atitude social em direção à conveniência de um jornal.

Design: Mark Porter

o perímetro

O perímetro é a área de espaço da margem nas bordas do layout principal. Ele pode ser utilizado para enquadrar um design oferecendo uma área de espaço livre que confere um intervalo visual e permite que o design respire. Por outro lado, o perímetro também pode ser ocupado. Isso ocorre quando o layout sangra para fora da página. O perímetro pode utilizar duas ou quatro margens da página, uma decisão que pode modificar a dinâmica de um design.

O passivo
O perímetro passivo confere um elemento neutro ao design, fazendo com que a atenção do receptor se foque no elemento ativo de um layout – normalmente, o conteúdo no centro. O perímetro, em suma, enquadra o conteúdo com espaços vazios para fornecer um cenário calmo como, por exemplo, um passe-partout.

O ativo
Um perímetro ativo normalmente envolve apenas duas das margens e tira a atenção do receptor do centro da página. Ele canaliza o elemento visual no centro da peça e permite que flua da parte de cima à parte de baixo da página. No exemplo abaixo, o painel de conteúdo permanece aberto e dá uma sensação de movimento.

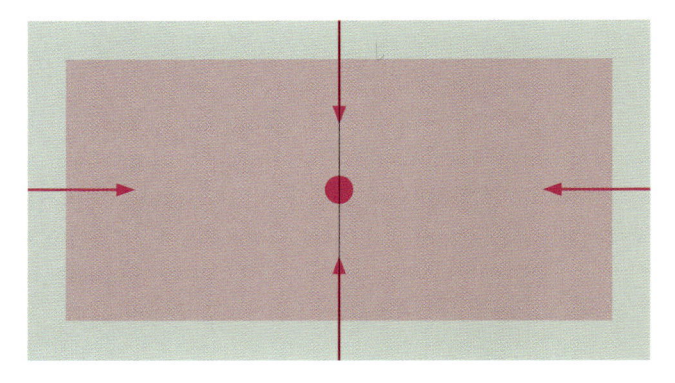

Este layout tem um perímetro passivo que foca a atenção no painel central.

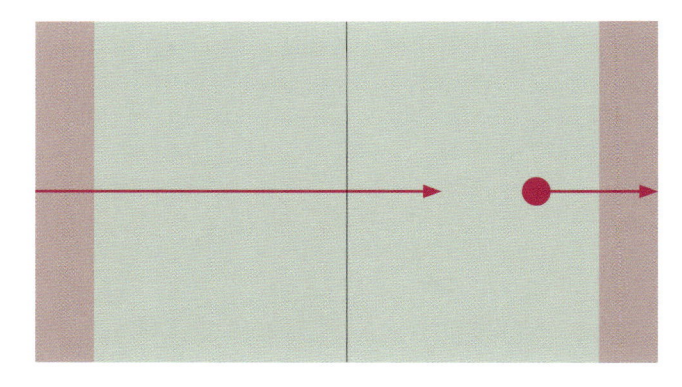

Este layout tem um perímetro ativo que leva o olho para fora da página, dando impressão de movimento.

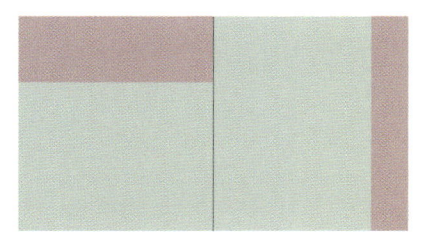

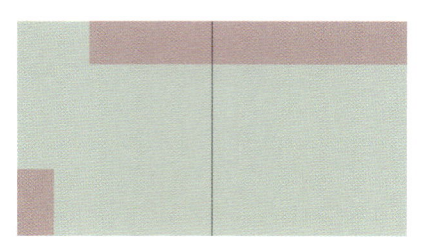

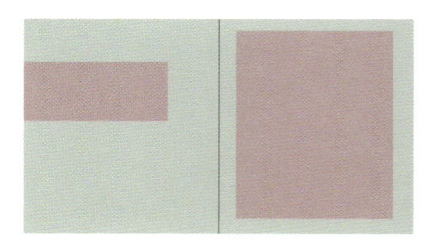

O design pode mostrar uma combinação de elementos ativos e passivos que dão ritmo ao visual e pausas à peça, o que afeta diretamente o modo como ele é visto.

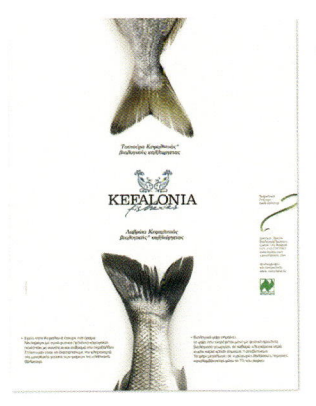

« Por que usar um grid?   **O perímetro**   Justaposição »   Layout e grids

Kefalonia Fisheries ← ↓

Estes designs apresentam perímetros ativos dentro de uma arte que sangra da página para criar movimento. A reprodução de tamanho quase real do produto demonstra qualidade e frescor.

Design: Mouse Graphics

justaposição

A justaposição é a disposição de diferentes elementos lado a lado para destacar ou criar contrastes. A palavra deriva do latim "juxta", que significa "próximo". Os designers usam justaposição para apresentar ideias e criar ou sugerir relações entre elas. Essas relações podem se basear em elementos com qualidades semelhantes, como forma, classe, assunto ou algum outro motivo compartilhado.

A justaposição é um dispositivo gráfico que pode implicar semelhança ou diferença entre os itens, a qual só fica clara a partir do contexto do trabalho como um todo. A justaposição do texto e de imagens pode ajudar a construir uma narrativa no design e comunicar uma mensagem ao receptor.

A justaposição atrai o observador e produz um relacionamento ativo com o design; os observadores não são meramente passivos da informação. A justaposição desafia o observador a identificar a relação entre dois ou mais elementos que estão dispostos lado a lado, e os observadores devem fazer as conexões sozinhos.

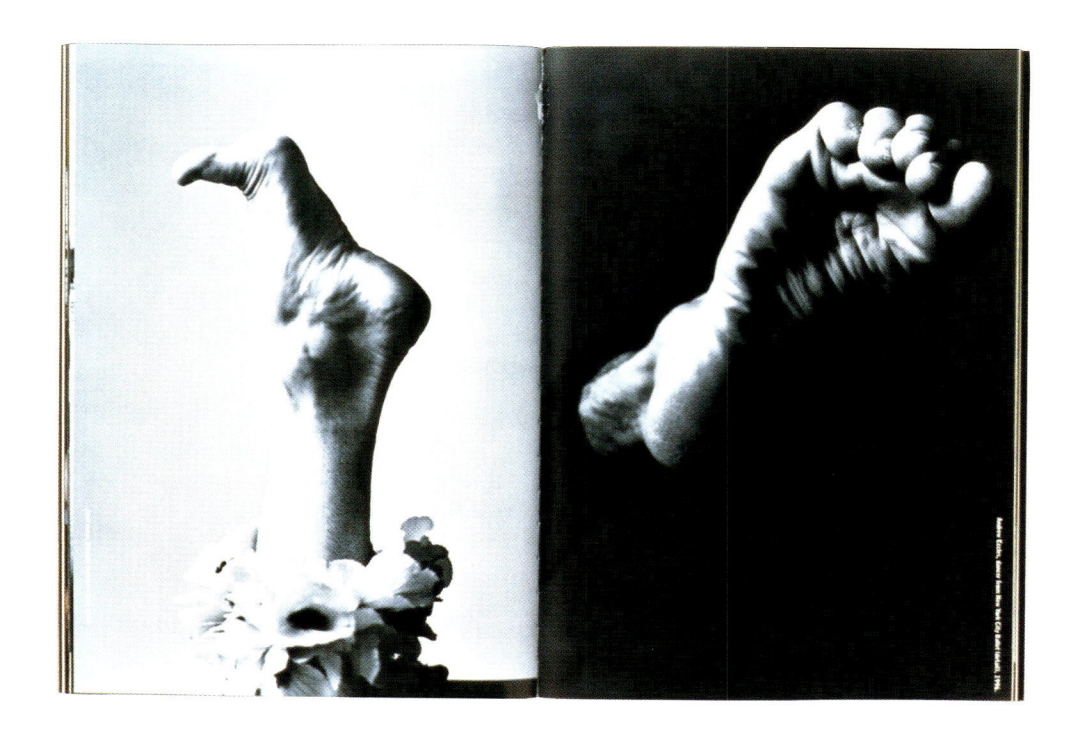

2wice ↑ ←

Estas páginas mostram a justaposição de duas coisas semelhantes apresentadas de diferentes ângulos utilizando várias poses e iluminação para criar dramatismo.

Design: Pentagram

« O perímetro   **Justaposição**   Ritmo e hierarquia »   Layout e grids

The British Council ↑ →

Estes cartazes mostram imagens justapostas sobre temas comuns da cultura inglesa, como a escrita ou o futebol. Estas são justaposições baseadas no tempo — a metade de uma imagem é do passado enquanto a outra metade é contemporânea.

Design: Johnson Banks

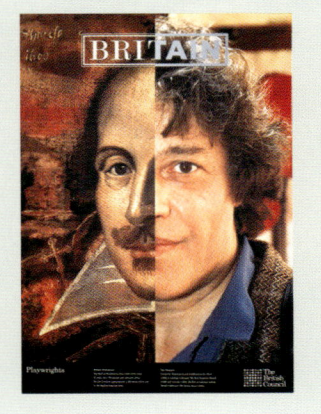

43

ritmo e hierarquia

Designers utilizam o layout para acrescentar ritmo a um design. Isso pode ser atingido pela combinação passiva e ativa ou de páginas mais barulhentas e silenciosas. Dessa forma, um designer pode construir uma narrativa que o leitor ou o espectador irá experimentar conforme avança pela publicação ou trabalho. Fotografia de página inteira ou páginas em branco podem oferecer uma pausa visual, além de ilustrar o conteúdo.

O ritmo pode ser entendido como o *momentum* ou o movimento que o design possui ao longo de páginas sucessivas, seja em um impresso ou em um site. Por meio do planejamento do layout em questão, o design pode criar pausas visuais para o leitor – espaço para respirar entre páginas que sejam mais pesadas. Muitas vezes, uma pausa visual pode ser utilizada para sinalizar uma quebra entre seções, capítulos ou tópicos diferentes de informação. Utilizar miniaturas dá ao designer um panorama que permite julgar e variar o ritmo do design. As imagens pequenas permitem enxergar um pedaço da grande figura e o fluxo visual da publicação sem estar cheio de detalhes em cada página.

Alguns tipos de conteúdo, especificamente, prestam-se e beneficiam-se com as mudanças de ritmo. Livros de fotografia muitas vezes apresentam páginas com vários ritmos, mudando de imagens totalmente sangradas para páginas com muitas imagens. Por outro lado, a brochura de uma empresa pode estar mais preocupada em permitir que o leitor encontre facilmente algo, e então seria contraproducente mudar o design do layout em cada página.

Uma hierarquia também pode ser dada pelas informações que aparecem no design do layout. A proeminência e a quantidade de espaço dados para o texto ou para as imagens podem fazê-los parecer mais importantes do que outros elementos apresentados em tamanho menor. A localização de um elemento na publicação e na página também sugere uma hierarquia. Itens importantes estão normalmente posicionados antes ou na parte direita da página, no canto superior esquerdo – o lugar por onde o olho naturalmente começa a observar a nova página. Normalmente, uma publicação terá uma hierarquia para o conteúdo do texto que inclua **títulos A**, B, C etc., cada um com estilos tipográficos diferentes que impõem uma ordem de importância. Isso pode ser feito por meio da mudança da **fonte**, da **largura**, do tamanho do tipo, da cor ou por uma combinação desses elementos. Alguns limites são necessários ao escolher criar uma hierarquia textual, caso contrário, o resultado final pode ser muito caótico. A implementação de uma hierarquia textual não significa abandonar a coerência da estrutura tipográfica ou a ordem.

Miniaturas
Uma imagem ou página de tamanho reduzido é utilizada como referência visual. O uso de miniaturas permite que o designer veja diversas páginas ou imagens de uma só vez. As miniaturas podem ser utilizadas para se ter uma ideia da sequência da publicação e do seu ritmo. Alguns designers utilizarão as miniaturas de forma bastante detalhada, enquanto outros irão utilizar somente notas para que possa mover coisas de forma rápida.

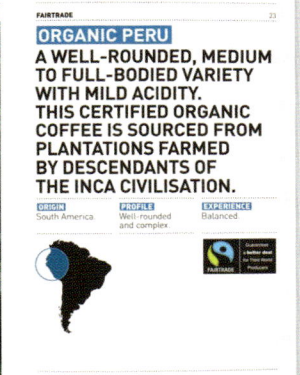

« Justaposição   Ritmo e hierarquia   Seção Áurea e Sequência de Fibonacci »   Layout e grids

Rio Coffee ← ↑

Estes exemplos mostram uma hierarquia tipográfica bastante clara estabelecida com o uso de diferentes tamanhos de fonte e códigos de cor para vários produtos de café. Enquanto o layout da publicação é o mesmo de uma página à outra, o que torna a digestão das informações do texto mais fácil, o ritmo é colocado no design por meio de emoções contidas nas diferentes imagens utilizadas.

Design: Voice

Seção Áurea e Sequência de Fibonacci

Na Antiguidade, acreditava-se que a Seção Áurea representava proporções incrivelmente belas. A divisão de uma linha na razão aproximada de 8:13 faz com que a relação da parte mais longa com a mais curta seja a mesma que aquela da parte mais longa com o todo. Objetos que têm essa razão são agradáveis ao olhar, e ela pode ser encontrada em uma série de números denominada sequência de Fibonacci. Na natureza, essa razão pode ser vista nos padrões de crescimento das plantas e na concha de certos animais; talvez devido a isso suas proporções sejam visualmente tão agradáveis. No campo das artes gráficas, a Seção Áurea é a base para formatos de papel e seus princípios podem ser utilizados como um meio de obter designs equilibrados.

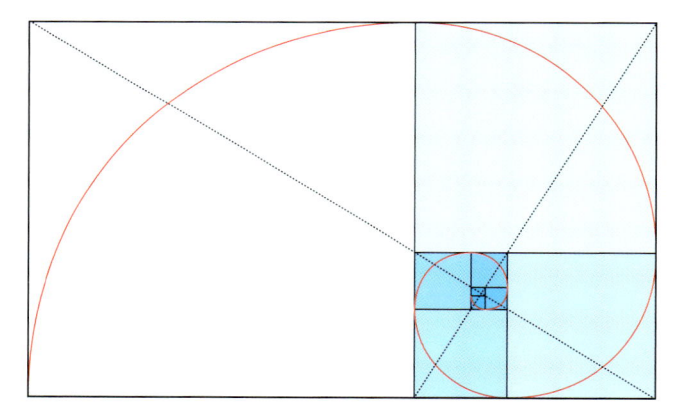

Um conjunto de retângulos de Fibonacci e uma espiral de Fibonacci.

Se você desenhar dois pequenos quadrados e depois desenhar outro utilizando a soma dos comprimentos dos dois quadrados como um dos lados e repetir esse processo várias vezes, criará um conjunto de retângulos de Fibonacci. Esse é um conjunto de retângulos cujos lados são dois números de Fibonacci sucessivos em comprimento, compostos de quadrados cujos lados são números de Fibonacci, ou em outras palavras, a razão dos lados desses retângulos é igual a da Seção Áurea.

Uma espiral de Fibonacci pode ser criada desenhando quartos de círculo em cada quadrado que juntos formam a espiral. Uma curva semelhante ocorre na natureza na forma da concha de um caracol.

A imagem abaixo é a sequência para desenhar uma Seção Áurea. Comece com um quadrado (A) e divida-o ao meio (B). Depois, faça um triângulo (C) traçando uma linha a partir da parte de baixo da linha divisória ao canto superior do quadrado. Com um compasso, estenda o arco a partir do ápice do triângulo até a linha de base (D) e desenhe uma linha perpendicular à linha de base a partir do ponto em que o arco a intersecciona. Complete o retângulo para formar a Seção Áurea (E).

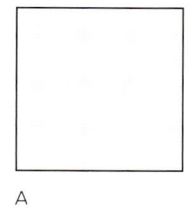

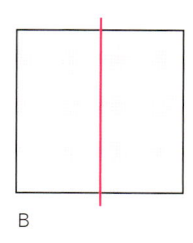

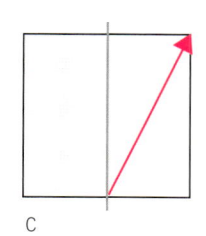

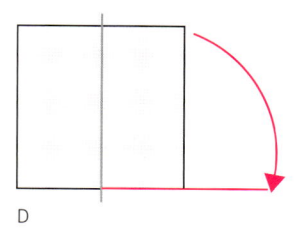

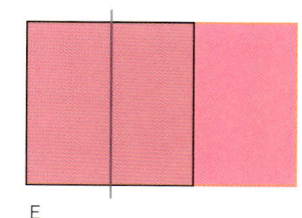

A   B   C   D   E

« Ritmo e hierarquia **Seção Áurea e Sequência de Fibonacci** Grid de linhas de base » **Layout e grids**

5	8	13	21	34	55	89	144
6	**10**	**16**	**26**	42	68	110	178
7	**11**	**18**	**29**	47	76	123	199

Fibonacci, ou Leonardo de Pisa, nascido em Pisa, Itália, por volta de 1175, foi considerado o maior matemático da Idade Média por causa de uma descoberta que chamou a atenção dos naturalistas e matemáticos por centenas de anos. A série de números que leva seu nome, a sequência de Fibonacci, também é um marco na prática de design.

A sequência de Fibonacci é uma série em que cada número é a soma dos dois números precedentes. A série começando em zero pode ser vista nesta página. A sequência de Fibonacci é importante devido a sua relação com a razão 8:13, também conhecida como Seção Áurea.

Se você pegar dois números sucessivos da sequência de Fibonacci e dividir o valor mais alto por aquele anterior a ele, você obtém um número próximo de 1,6. Por exemplo, 13/8 = 1,625. Se você continuar a fazer isso ao longo da série, o resultado irá se aproximar do valor 1,61804, chamado de Razão Áurea, Número Áureo ou Seção Áurea.

0 1 1 2 3 5 8 13 21 34 55 89 144 233 377 610 987 1597 2584 4181 6765, 10.946 17.711

O Modulor
Uma medida harmônica para a escala humana, universalmente aplicável à arquitetura e à mecânica, adotada por designers de todas as disciplinas.

Em 1947, o sistema Modulor de Le Corbusier, protegido por patente, tornou-se público e, no ano seguinte, apareceu no seu livro Le Modulor.

"Um conjunto de dimensões que tornam o bom fácil e o ruim difícil."

10   fonte de corpo dez
11   em entrelinha onze

16   fonte de corpo dezesseis
18   em entrelinha dezoito

**26 fonte de corpo vinte e seis
29 em entrelinha vinte e nove**

O sistema modulor é basicamente uma régua de calcular, com medidas derivadas de proporções humanas que podem ser utilizadas no design e na construção. O relacionamento da forma humana com as medidas cria um equilíbrio harmônico, seja na arquitetura, nos tamanhos de página ou mesmo em uma fonte tipográfica. Geralmente, mais de um conjunto de números inteiros é utilizado, como nos três exemplos das fontes e entrelinhas (acima), que foram configurados com os valores de dois sistemas de números de Fibonacci consecutivos.

grid de linhas de base

O grid de linhas de base é a base gráfica para a construção de um design. Ele desempenha um papel de suporte semelhante àquele da estrutura de andaimes na construção de edifícios, fornecendo um guia para posicionar elementos na página com uma precisão difícil de conseguir apenas com o olhar.

Criar cada página separadamente é um processo demorado e entediante, mas algumas vezes necessário. O grid ajuda a dividir proporcionalmente uma página nos planos vertical e horizontal, tornando o processo de design mais rápido e fácil, além de assegurar uma consistência visual e explicar como o design funciona. Muitas vezes, o grid irá variar em uma publicação para apresentar diversas informações de diferentes maneiras.

O grid de linhas de base tem relações importantes com muitos elementos- -chave do design, como a distância entre uma linha de base e outra e, por consequência, entre o tamanho da fonte e a entrelinha. Outra consideração é se o grid está posicionado de acordo com a altura-x ou com a altura das letras maiúsculas.

« Seção Áurea e Sequência de Fibonacci   **Grid de linhas de base**   Ativo e passivo / Olhando de perto »   **Layout e grids**

Os grids são úteis somente se o designer sabe como utilizá-los. Alguns o julgam seu melhor amigo e outros o acham limitador. A flexibilidade é importante para tornar os designs interessantes e acessíveis, e isso é possibilitado pela complexidade do grid. Uma página dividida em colunas é comum, mas adicionar um grid horizontal disponibiliza zonas em que o texto e as imagens começam. A complexidade e a liberdade podem ser aumentadas sobrepondo dois ou mais grids que criam espaços diferentes para o posicionamento dos elementos.

Estrutura de grid simples mostrando:

1. Colunas de texto com linhas que correm de cima para baixo e de baixo para cima
2. Posição das legendas
3. Margem
4. Medianiz
5. Posição dos cabeçalhos e dos títulos de capítulo
6. Sangria
7. Posição do fólio
8. Linha de base da área de texto
9. Formato refilado

49

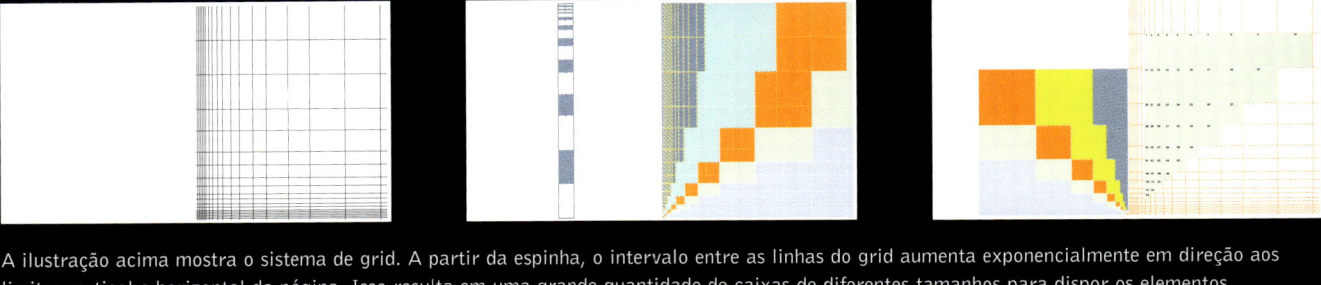

A ilustração acima mostra o sistema de grid. A partir da espinha, o intervalo entre as linhas do grid aumenta exponencialmente em direção aos limites vertical e horizontal da página. Isso resulta em uma grande quantidade de caixas de diferentes tamanhos para dispor os elementos.

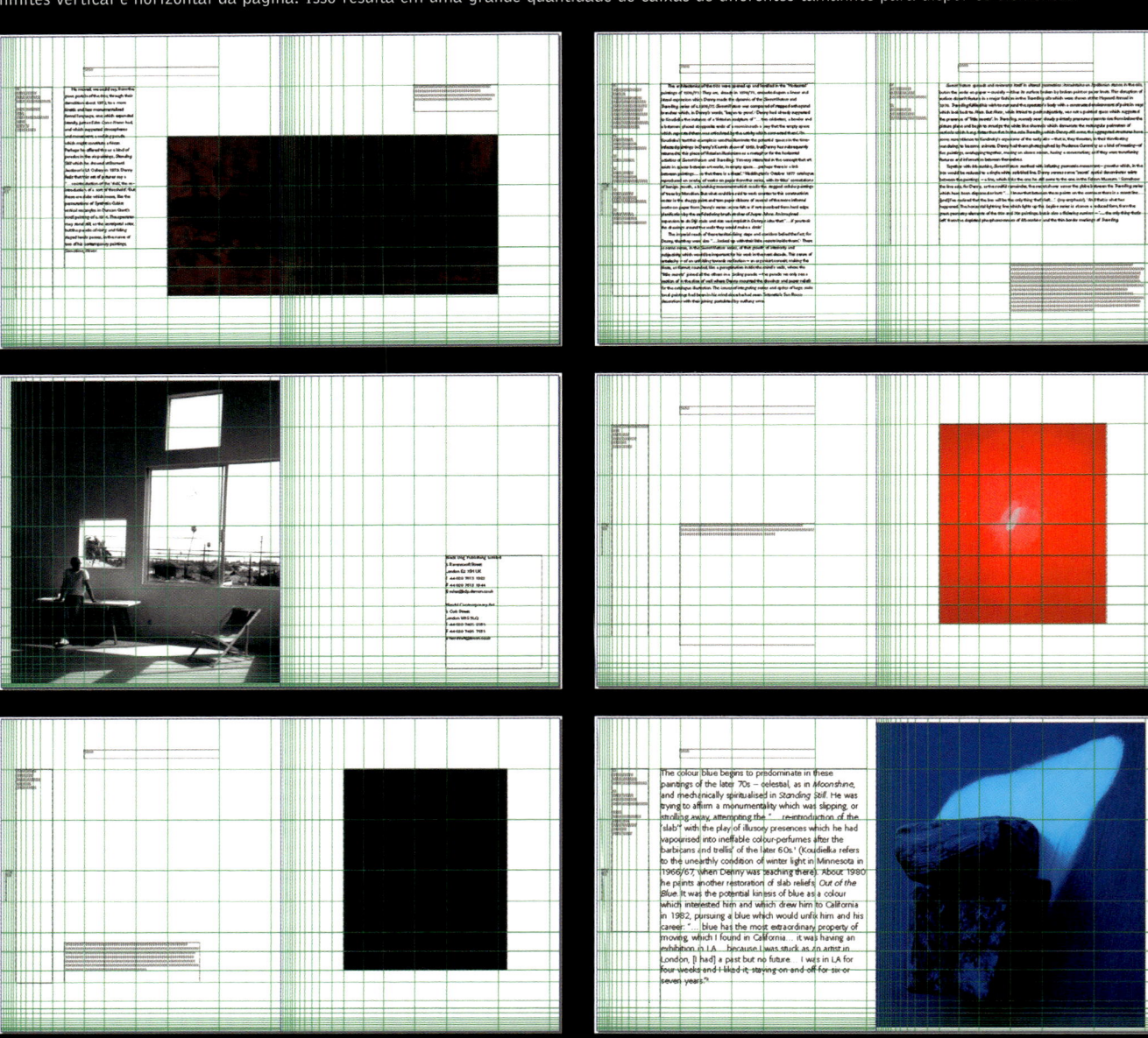

« Seção Áurea e Sequência de Fibonacci   **Grid de linhas de base**   Ativo e passivo / Olhando de perto »   **Layout e grids**

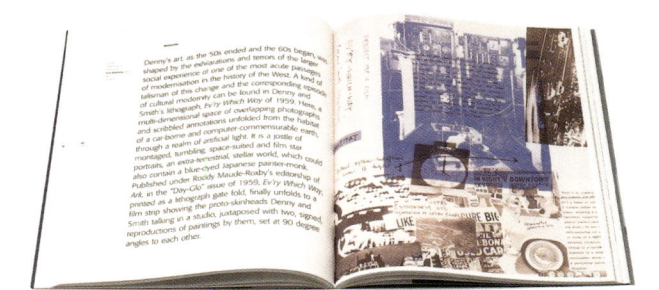

Robyn Denny ← ↑

As ilustrações (acima à esquerda) mostram o grid complexo usado para produzir a publicação. A partir da espinha, o intervalo entre as linhas do grid aumenta exponencialmente em direção aos limites vertical e horizontal da página, o que resulta em uma grande variedade de caixas de diversos tamanhos para dispor os elementos. Como as caixas têm dimensões diferentes umas das outras, as possibilidades para o posicionamento criativo de caixas, imagens, títulos, rodapés, cabeçalhos e fólios são ilimitadas, ao mesmo tempo em que são mantidas a ordem e a estrutura. O livro resultante é engenhosamente simples, uma vez que o conteúdo é acomodado em configurações variadas com facilidade no grid.

Design: Studio AS

Ativo e passivo / Olhando de perto

Exercício 1 – Ativo e passivo

Premissa
Uma imagem pode ser apresentada de forma ativa ou passiva. O designer pode mudar isso na forma como uma página dupla é composta e em como os elementos são dispostos nela.

Exercício
Selecione duas imagens ou fotografias e teste diferentes composições para torná-las elementos ativos e passivos no design.

Resultado
Produza uma visualização sobre suas descobertas ressaltando os resultados ativo e passivo que você identificou.

Objetivo
Incentivar uma apreciação mais ponderada sobre como o uso ativo e passivo de imagens afeta a forma de comunicar de um design.

Ativo e passivo ↓
A ilustração abaixo mostra como diferentes composições podem fazer uso de fotos passivamente ou ativamente.
O posicionamento, o corte e a justaposição podem mudar o resultado final.

« Grid de linhas de base   **Ativo e passivo / Olhando de perto**   **Layout e grids**

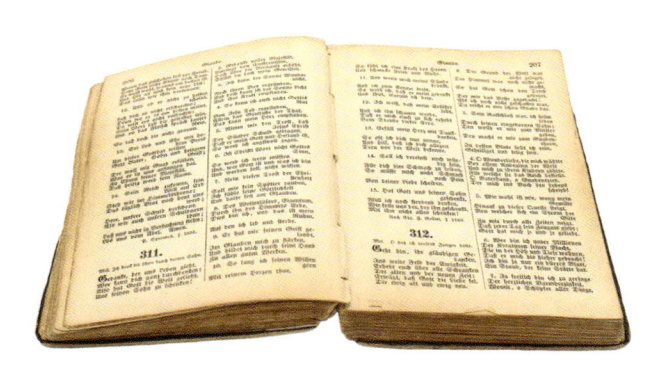

Exercício 2 – Olhando de perto

Premissa
Estamos familiarizados com layouts com grid de linhas de base em livros e revistas, mas layouts estão por toda a parte. Eles estão presentes em todos os lugares em que há comunicação visual e textual, como a sinalização.

Exercício
Realize uma auditoria de layouts que você encontra no seu dia a dia e identifique os padrões e estruturas que você vê. Todos os livros de receita são parecidos? Todos os sinais estruturam a informação da mesma forma? Por que faz sentido para alguns itens utilizar layouts centralizados em oposição aos alinhados à esquerda?

Resultado
Produzir uma visualização que mostra os layouts que você identificou e um esboço ou miniatura do grid básico que eles utilizam para estruturar a informação. Defenda o porquê de eles serem efetivos para o conteúdo em questão.

Objetivo
Incentivar uma apreciação mais ponderada do poder dos layouts e sobre como eles são utilizados para apresentar diferentes partes da informação.

Layout em uso ↑
As duas imagens acima mostram diferentes tipos de informação que podemos encontrar a qualquer hora. Elas têm layouts diferentes, mas ambas são estruturadas ao redor de um grid.

LET'S ROCK
sweet gene vincent

Sponsored by new green from American Express

ROCK STYLE

> 05 october 2000 to 14 january 2001
> Barbican Gallery

FAN-TASTIC
FANS, GRAPHICS, JUKE BOX, T-SHIRTS, DOCUMENTARIES

HEY DJ

PERFORMANCE
HOMAGE TO BOWIE, MADONNA AND BJORK AND THEIR CHAMELEON ARTISTRY

TOP 30 ICONS

TRANSFORM

DARE YOU TRY IT ON?

DISPLAY
slap, cool + classic pieces of clothing

Let's face it, style has always been inextricable from pop. Without style, rock music wouldn't exist; without fashion, pop doesn't work. Without the razzle dazzle of sat in and tat, pop music is just a badly tuned radio. Rock Style is a cultural symbiosis, a mutually beneficial means to an end. Without his ducktail and his fingertip drapes Elvis Presley was just another greasy trucker with ambitions beyond his station; without their collarless suits and mop-top fringes the Beatles were simply another beat band (albeit one which originated its own material); and without a pantechnicon full of costume changes, Madonna was just another jumped-up waitress with more mouth than was good for her. Without their costumes Kiss were just another heads-down-see-you-at-the-end heavy rock act; without Stone Island and CP Company Oasis were just the sound of a rebellion in the dark; and without his white silk socks, Michael Jackson was just another freewheeling minstrel. Not only have rock and pop stars always taken street fashion to its logical extremes — encapsulating time and time again the allure of street credibility — but they've also influenced every new generation since WWII. Sometimes these Tin Pan Alley Valentines come fully formed — think Elvis, Ziggy Stardust, Sid Vicious or Marilyn Manson — and sometimes they just pick up the baton and run with it. Either way Rock Style has become the defining culture of the early 21st century. Only 50 years of age, it has grown, metamorphosed and reinvented itself so many times that being an individual these days is sometimes just about enough to make it as a pop star. Whether you'll make it as a pop hero is open to debate, but as Andy Warhol once said, in the future, everyone will be famous for 15 minutes. Well, the future's right now.

Barbican Centre

« Layout e grids   **Tipografia**   Imagem »

Tipografia

Tipografia

A **tipografia** é o meio pelo qual uma ideia escrita recebe uma forma visual. A seleção da forma visual pode afetar significativamente a legibilidade da ideia escrita e as sensações de um leitor em relação a ela devido às centenas, se não milhares, de tipos disponíveis. A tipografia pode produzir um efeito neutro ou despertar paixões, simbolizar movimentos artísticos, políticos ou filosóficos ou exprimir a personalidade de uma pessoa ou organização. Desenhos de tipos variam desde formas claras e distinguíveis de fácil leitura, adequadas para grandes quantidades de texto, até tipos visualmente mais fortes e atraentes usados em manchetes e anúncios publicitários.

A tipografia está em constante evolução. Muitas fontes usadas hoje se baseiam em designs criados em épocas passadas. A indústria da impressão continua evoluindo e acelerando conforme a tecnologia torna o design mais rápido e mais fácil, enquanto cria algo novo ou adapta algo de uma época anterior.

Rock Style ←

O material promocional para a exposição Rock Style, no Barbican Centre, em Londres, apresenta um design em estilo de fanzine que imita o conteúdo da exibição. Ele usa uma tipografia escrita à mão e reúne impressos efêmeros que formam um estilo gráfico abrangente.

Design: Studio Myerscough

tipo

O tamanho de um tipo é a medida vertical do corpo de um caractere tipográfico, incluindo o espaço acima e abaixo de seus contornos. É comum considerar o tamanho do tipo como as dimensões do desenho do caractere, mas ele historicamente se refere à medida do corpo ou do bloco que contém a face de impressão do caractere tipográfico de metal nos tempos da impressão tipográfica. Por causa disso, um caractere é sempre levemente menor que a especificação do tamanho de seu corpo. Tamanhos de tipos para corpo de texto normalmente ficam entre 8 e 14 pontos; dentro de um projeto, usam-se diferentes tamanhos de tipos para indicar uma hierarquia de importância, já que tendemos a ler letras de tamanhos grandes primeiro.

6 7 8 9 10 11 12 14 16 18 21 24 36 48 60 72

Sistema de pontos

O sistema de pontos é utilizado para especificar as dimensões tipográficas de uma página, representadas em pontos e paicas. O sistema britânico e americano se baseia em um ponto do sistema imperial com as seguintes dimensões: o ponto tem 1/72 de uma polegada. Uma paica equivale a 12 pontos, e cerca de seis paicas, a uma polegada. A paica é usada para medidas lineares de texto, incluindo larguras de colunas.

12 pontos = 1 paica
1 ponto = 0,35mm
1 paica = 4,22mm

O sistema Didot europeu é um pouco diferente, mas fornece valores semelhantes:

12 Didot = 1 Cícero
1 Didot = 0,38mm
1 Cícero = 4,56mm

Há 12 pontos em uma paica e aproximadamente 6 paicas em uma polegada. A paica é usada para a medição linear de um texto. O comprimento de uma linha é especificado em paicas.

A tipografia utiliza pontos para descrever a medida do tipo (A) e o valor da entrelinha (B). O tamanho do tipo é o tamanho da caixa delimitadora, e não a altura de uma letra. Entrelinha é um termo da impressão feita com metal a quente que se origina das tiras de chumbo utilizadas entre as medidas do texto para dar a ele um espaçamento uniforme. Atualmente, o valor da entrelinha representa a distância de uma linha de base até a próxima, em vez do espaço real entre as linhas do texto. As medidas tipográficas normalmente têm dois valores. Por exemplo, 10pt Helvetica com 4pt de entrelinha é expressa como 10/14 Helvetica – 10 "na" 14. O texto sem entrelinhamento extra é chamado de "ajuste sólido".

Tipo   Anatomia dos tipos »   **Tipografia**

O eme, o ene e as medidas relativas

Diversas medidas relativas, como o espacejamento de caracteres, são medidas relacionadas ao tamanho da fonte utilizada, e não às medidas absolutas em pontos ou milímetros. O uso de medidas relativas ajuda a garantir a harmonia e a proporção do texto.

Emes e enes são medidas relativas que não têm um tamanho absoluto prescrito. O tamanho delas é relativo ao tamanho da fonte em uso. Um eme é uma unidade básica de medida para qualquer fonte, derivada da largura de sua letra "M" maiúscula. O termo remonta à época em que os tipos eram moldados em metal e a letra "M" era modelada em um bloco quadrado. Como a letra "M" era tão larga quanto o tamanho do tipo, um eme tem o mesmo corpo em pontos do caractere. O eme é usado como uma constante sobre a qual baseiam-se outras medidas tipográficas, tais como as larguras do conjunto, o que estabelece quanto espaço determinada quantidade de texto ocupará em um corpo. O eme também é utilizado para fazer recuos de parágrafo e definir um espaçamento fixo. Um travessão eme tem um eme de comprimento; um travessão ene tem a metade do comprimento de um travessão eme. Atualmente, com fontes geradas por computador, a letra "M" não tem relação alguma com a medida eme.

Muitos dos programas de editoração atribuem automaticamente valores relativos à entrelinha. Por exemplo, o valor do entrelinhamento pode ser estabelecido em 120% e irá mudar em relação ao aumento ou diminuição do tamanho da fonte. Se isso não acontece e a entrelinha permanece constante, conforme o tamanho da fonte aumenta os caracteres irão, no final, colidir um com o outro.

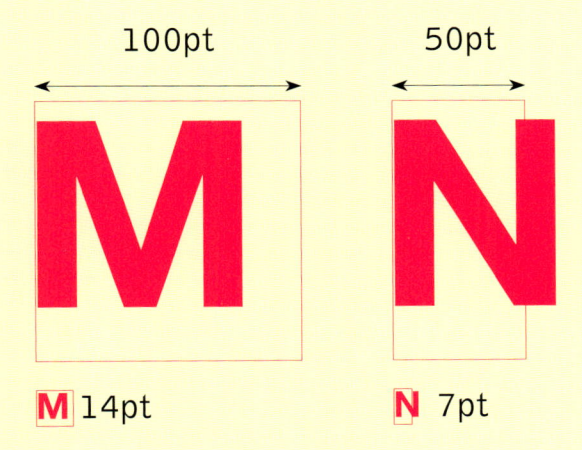

100pt   **50pt**

M   **N**

M 14pt   **N** 7pt

Eme e ene

Um eme é uma unidade de medida equivalente à largura e altura em pontos de um determinado tamanho de tipo. Dessa forma, fonte de 100pts utiliza um eme de 100pts, e fonte de 14pt utiliza um eme de 14pts.

Um ene é uma medida que segue as mesmas origens que um eme e equivale à metade do tamanho em pontos de um tipo. Assim, uma fonte de 100pts usa um ene de 50pts, e uma fonte de 14pts usa um ene de sete pontos.

legibilidade do tipo

Legibilidade do tipo

A legibilidade é uma característica do tipo que permite distinguir uma fonte da outra por meio de peculiaridades físicas inerentes a um desenho de tipo específico, tais como sua altura-x, a forma dos caracteres, a contraforma, o contraste dos traços e o peso do tipo. Por exemplo, as fontes de jornais têm um forte contraste de pesos e formas condensadas para garantir a legibilidade e o uso eficiente de espaço. Esse termo geralmente é confundido com a inteligibilidade, que envolve propriedades de uma fonte ou design que afetam a capacidade de compreender o texto.

O subtítulo acima foi escrito em fonte Cheltenham, de 1896. Ela foi projetada com ascendentes e descendentes exagerados seguindo estudos sobre a legibilidade dos tipos, que mostravam que os leitores fazem uma varredura do texto usando o topo das letras. Apesar da parte de baixo das letras do subtítulo terem sido removidas, ele ainda pode ser lido facilmente.

anatomia dos tipos

Tipos e famílias de tipos podem ser classificados de acordo com suas características intrínsecas. Muitos tipos derivam de desenhos criados nos últimos 500 anos, originalmente moldados em metal. Outros tipos têm uma linhagem que remonta ao trabalho dos pedreiros e gravadores em pedra. Embora hoje em formato digital, esses tipos ainda contêm elementos associados às necessidades físicas da época em que foram criados. A era digital provocou o aumento do número de fontes disponíveis e tornou mais simples a criação de uma nova fonte ou a alteração de uma já existente.

Romano

Ou Roman. A forma básica da letra. Assim chamada porque suas origens remontam às inscrições encontradas nos monumentos romanos. Algumas fontes também têm uma versão um pouco mais leve chamada "Book" (veja abaixo).

Claro ou fino

Ou Light. Versão mais leve da forma romana.

Negrito

Versão de uma fonte com um traço mais espesso do que a romana. Também conhecida como Bold, Medium, Semibold, Black, Super (como no caso da Akzidenz Grotesk) e Poster (como na Bodoni).

Itálico e oblíquo

Itálico é a forma romana que tem um eixo inclinado, por exemplo, "*a*". A maioria das fontes têm um membro em itálico na família. O oblíquo é uma versão que inclui fontes sem serifa e não é redesenhada.

Condensado

Ou Condensed. É uma versão mais estreita da forma romana.

Estendido

Ou Extended. É uma versão mais larga da forma romana.

Não há padrão ou convenção para nomear os diferentes pesos ou formas de um tipo, por isso eles podem ter nomes diferentes. Por exemplo, "pesada" (heavy), "negra" (black) e "extra" são descrições de tipos com pesos maiores e traços mais grossos do que um tipo básico romano. O peso básico ou normal também pode ser chamado de "regular" ou "book", bem como "romano".

Demi

Um meio termo entre os pesos de um tipo romano e um negrito. Algumas vezes chamada de Demi Bold (ou Semibold), tem traços mais largos que uma fonte romana, mas mais finos que uma em negrito.

Book

Um tipo vertical que é adequado para textos longos, como livros. Muitas vezes utilizado como sinônimo de Roman.

« Tipo   **Anatomia dos tipos**   Descrevendo o tipo »   **Tipografia**

Ápice   Bojo   Braço

ABCDEFGH

Trave   Contraste   Haste diagonal

IJKLMNOP

Traço cabelo

QRSTUVW

Cauda

XYZ

Ascendente   Miolo ou olho   Haste
Orelha

abcdefgh

Ombro   Ligação   Arco
Altura das ascendentes

ijklmnop

Profundidade das descendentes
Serifa

qrstuvw

Terminal

Altura

xyz

descrevendo o tipo

A tipografia tem um léxico rico que descreve seus aspectos diversos. Abaixo, estão alguns desses termos tipográficos.

MAIÚSCULA

Refere-se às letras em capitulares ou em caixa-alta. Acima está a fonte chamada de Trajan, apenas disponível como maiúscula (conhecida como unicameral).

minúscula

Refere-se a letras em caixa-baixa ou letras de sentença.

Caracteres Caudais

Estas letras têm floreios caligráficos decorativos exagerados, normalmente em suas capitulares.

Versaletes

Maiúsculas com tamanho próximo aos caracteres em caixa-baixa de determinado tipo e que são menos dominantes que as maiúsculas regulares. Versaletes são usadas para acrônimos e em abreviações comuns. Também chamadas pequenas capitulares em certas fontes, como Mrs Eaves (acima).

Ligaturas

São as junções de caracteres separados para formar uma unidade e evitar a interferência em certas combinações (ver página 81).

Display ou Pôster

Tipo grande e/ou nítido destinado a atrair o olhar. Desenhado especificamente para ser visto à distância. Acima, a Bodoni Poster.

CamelCase

Onde a letra inicial de uma palavra composta está em maiúscula. Também chamada de MedialCapitals ou InterCaps, essa técnica é muito utilizada em logotipos.

Caracteres PI

Letras gregas utilizadas como símbolos matemáticos, por exemplo:
Σ, √, ƒ, 1/2, 1/4, 1/8, $, ¥, £.

Dingbats

É uma coleção de caracteres decorativos especiais e símbolos. Dingbats podem incluir símbolos ✖, ícones ☝ ou itens decorativos ❦.

unicameral

Tipo que tem um só modo, em vez de conjuntos de letras maiúsculas e minúsculas. Caracteres unicamerais tendem a ser mais parecidos com as minúsculas. O tipo mostrado acima chama-se Bayer Universal.

Script

Fonte designada a imitar a escrita à mão. Consiste, geralmente, de floreios como caudas ou remates em maiúsculas, que juntam letras. Acima, mostramos a fonte Künstler Script.

VAZADO

Também chamada de "trabalhado à mão", normalmente têm designs decorativos na face frontal. A fonte acima é a Rosewood.

« Anatomia dos tipos   **Descrevendo o tipo**   Sistemas de classificação »   **Tipografia**

Habitat ↑ ←

Saber qual tipo usar é um dos dilemas no design tipográfico. Aqui, uma simples mistura de pesos e cores cria uma atmosfera amigável e convidativa.

Design: Propaganda

sistemas de classificação

A classificação de tipos é uma das poucas situações em que é apropriado fazer julgamentos com base na aparência. É importante avaliar como os tipos são classificados e as diferenças entre eles para entender quando é melhor utilizá-los. Como há vários sistemas de classificação, esta seção mostra as classes mais conhecidas, que podem ter nomes diferentes.

    De maneira geral, os tipos são classificados com base em suas características. Há quatro categorias básicas: romana (Roman), gótica/sem serifa (Gothic), cursiva (Script) e letras negras (Blackletter) (Sanders and McCormick, 1993). Em termos gerais, romana é a classe em que encontramos todos os tipos com serifa; os tipos góticos são os sem serifa; a categoria cursiva é para tipos baseados em manuscritos germânicos.

Blackletter, Gótica (Gothic), Old English, Block ou Broken	Com serifa (Serif), Romana (Roman) ou Antiqua	Sem serifa, gótica ou linear	Cursiva
	Veneziana/Humanista	Grotesca	Decorativa
	Old Style Aldine/Garaldes	Neogrotesca	Tipo gráfico
	Old Style Dutch	Geométrica	
	Old Style Revival	Humanista	
	Transicional	Quadrada	
	Didone		
	Serifa quadrada ou egípcia		
	Clarendon		
	Glífica		

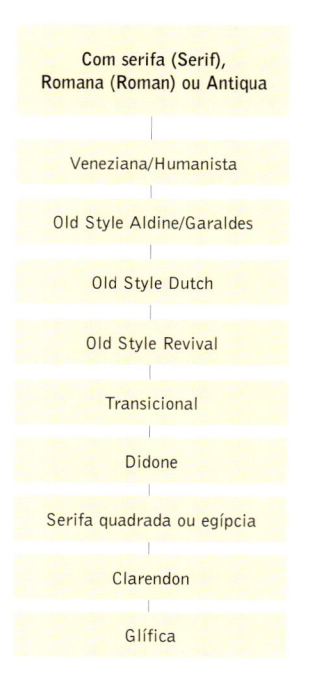

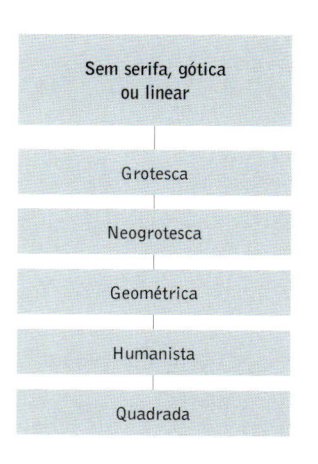

A classificação acima é uma introdução que mostra apenas as informações mais básicas sobre um tipo. Cada classe pode ser dividida em subclasses que fornecem informações mais específicas.

« Descrevendo o tipo   **Sistemas de classificação**   Famílias tipográficas »   **Tipografia**

𝔄 letra medieval é baseada no estilo de escrita pesada, que prevaleceu durante a Idade Média. Devido à complexidade das letras, ler pode se tornar uma tarefa difícil, especialmente em grandes blocos de texto. Elas comumente são utilizadas para fins semelhantes aos dos scripts – como iniciais maiúsculas e em certificados. Pesquisas recentes mostram, no entanto, que a legibilidade está relacionada à familiaridade, e que o estilo sem serifa de hoje seria tão legível quanto a escrita gótica era na Idade Média.

Literalmente traduzida como escrita quebrada, o tipo fraturado ou Fraktur foi o estilo caligráfico predominante durante muitos séculos. Embora não mais utilizado para textos longos, esse tipo transmite uma sensação de importância histórica.

Pesquisas mostraram que serifas, mesmo que pouco perceptíveis, auxiliam bastante o reconhecimento dos caracteres e ajudam a leitura guiando o olho ao longo da linha de texto. Por essa razão, o textos são mais fáceis de ler em fontes com serifa.

Goudy Modern 1918 F W Goudy Serifas direcionais claras criam um tipo legível.

Tipos sem serifa, como o nome sugere, não têm toques decorativos que guiam o olho e, portanto, parágrafos longos nessas fontes são difíceis de ler. No entanto, as fontes sem serifa têm sido utilizadas no corpo do texto. Seu design limpo e simples é ideal para títulos, cabeçalhos, legendas e outros usos que não no corpo do texto.

Helvetica 1959 Max Miedinger Antigamente, esse tipo era chamado de Neue Haas Grotesk.

Fontes cursivas foram criadas a fim de imitar a caligrafia para que, quando impressos, os caracteres pareçam unidos. Os instrumentos de escrita que elas reproduzem vão desde uma caneta-tinteiro até um pincel e, como ocorre na caligrafia, o texto não deve estar todo em maiúsculas. Essas fontes são muito usadas em convites, cartões de visita e anúncios.

Brody 1953 Harold Broderson Descendentes muito curtas, com letras minúsculas unidas de modo elegante.

OUTRA CATEGORIA GERAL QUE PRECISA SER MENCIONADA É A SYMBOL, QUE ABRANGE FONTES QUE NÃO SE ENQUADRAM NO SISTEMA DE CLASSIFICAÇÃO BÁSICO MOSTRADO NA PÁGINA ANTERIOR. ELA INCLUI FONTES DECORATIVAS, DISPLAY, EXPERIMENTAIS OU GRÁFICAS QUE NÃO PODEM SER FACILMENTE ATRIBUÍDAS A OUTRAS CLASSIFICAÇÕES, COMO AS MOSTRADAS AO LADO.

Stencil 1937 Gerry Powell
Tipo inspirado em embalagens utilitárias, unicamente em caixa-baixa.

« Descrevendo o tipo   **Sistemas de classificação**   Famílias tipográficas »   **Tipografia**

Símbolo (Symbol)

Zapf Dingbats 1978 Hermann Zapf
Criada para complementar as fontes contemporâneas, contém vários símbolos tradicionais com uma interpretação moderna, incluindo a adaga e o pé de mosca (sinal de parágrafo).

Experimental

Flixel Just van Rossum
Fonte que questiona o elo entre legibilidade e comunicação.

Decorativa

ABCDEFGHIJKLMNOPQRSTUVWXYZ

Rosewood 1994 Kim Buker Chansler, Carl Crossgrove e Carol Twombly
Tipo decorativo vazado, inspirado na ornamentação circense.

Gráfica

ABCDEFGHIJKLMNOPQRSTUVWXYZ

American Typewriter 1974 Joel Kaden e Tony Stan
Fonte criada para replicar a aparência de um texto feito na máquina de escrever.

Caracteres de reconhecimento ótico

ABCDEFGHIJKLMNOPQRSTUVWXYZ

OCR–A 1968 ATF
Criada para atender às necessidades da Associação Europeia dos Fabricantes de Computadores (European Computer Manufacturers Association – ECMA).

famílias tipográficas estendidas

Uma família tipográfica estendida compreende todas as variações de um tipo ou uma fonte particular, incluindo os diferentes pesos, larguras e itálicos. Exemplos incluem Univers, Times Roman, Arial e Garamond. Muitas famílias recebem o nome dos seus criadores ou da publicação em que foram utilizadas pela primeira vez.

As famílias tipográficas são ferramentas úteis porque oferecem a um designer diferentes variações que funcionam de uma maneira limpa e consistente. Para dar clareza e uniformidade a um projeto, muitos designers utilizam somente duas famílias de tipos, estabelecendo a hierarquia tipográfica com as variações que essas fontes contêm. Dos seis exemplos da família Officina na página ao lado, é possível escolher fontes para uso em títulos, corpo do texto e legendas.

ABCDEFGHIJKLMNOPQRSTUVWXYZ
abcdefghijklmnopqrstuvwxyz 1234567890

ABCDEFGHIJKLMNOPQRSTUVWXYZ
abcdefghijklmnopqrstuvwxyz 1234567890

Rotis 1988 Otl Aicher
Fonte que oferece muitos pesos com serifas intercambiáveis.

The Sans   The Mix

The Sans/The Mix 1994–1999 Lucas de Groot
Fontes que oferecem uma ampla variedade de opções de serifas e pesos.

« Sistemas de classificação **Famílias tipográficas** Cor tipográfica »   **Tipografia**

ABCDEFGHIJKLMNOPQRSTUVWXYZ
abcdefghijklmnopqrstuvwxyz 1234567890

ABCDEFGHIJKLMNOPQRSTUVWXYZ
abcdefghijklmnopqrstuvwxyz 1234567890

ABCDEFGHIJKLMNOPQRSTUVWXYZ
abcdefghijklmnopqrstuvwxyz 1234567890

ABCDEFGHIJKLMNOPQRSTUVWXYZ
abcdefghijklmnopqrstuvwxyz 1234567890

ABCDEFGHIJKLMNOPQRSTUVWXYZ
abcdefghijklmnopqrstuvwxyz 1234567890

ABCDEFGHIJKLMNOPQRSTUVWXYZ
abcdefghijklmnopqrstuvwxyz 1234567890

Officina (de cima para baixo; Sans Book, Sans Book Italic, Sans Bold, Serif Book, Serif Book Italic, Serif Bold) 1990 Erik Spiekermann
Originalmente criada para uso em documentos de escritório e papelaria institucional.

cor tipográfica

A cor tipográfica se refere à extensão da área preenchida pela cor de um texto em determinado espaço com base na densidade de seus diferentes caracteres e pesos.
Em poucas palavras, quanto maior o peso, maior parecerá a densidade da fonte e, portanto, haverá mais cor. Usar negrito, ou mesmo black (preto), dará ao tipo uma presença maior na página. Combinado com a letra e o espaçamento entre as palavras, isso ajudará a influenciar a cor tipográfica.

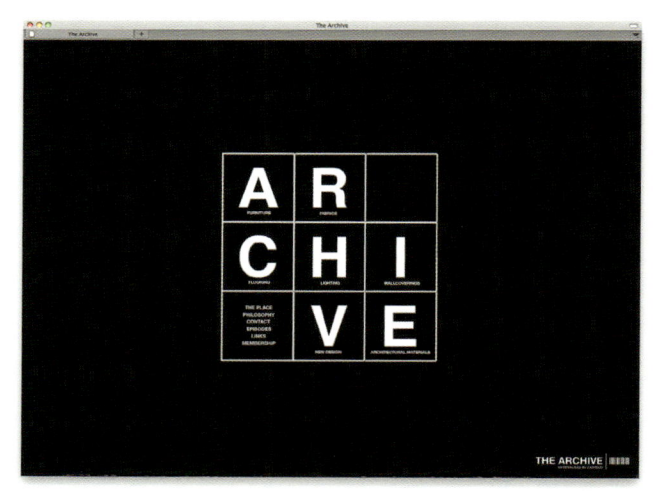

Olympic Air →

Esta revista, voltada aos passageiros aéreos, mostra como a cor tipográfica afeta o design. A revista é uma publicação bilíngue e a cor e o peso de cada língua cria uma densidade ou textura diferente.

Design: Mouse Graphics

The Archive ↙ ↓

Este site de móveis e acessórios mostra como a cor está presente, mesmo em um design monocromático. Aqui, a utilização segura da tipografia confere textura por meio do uso de tipos de peso.

Design: Beetroot

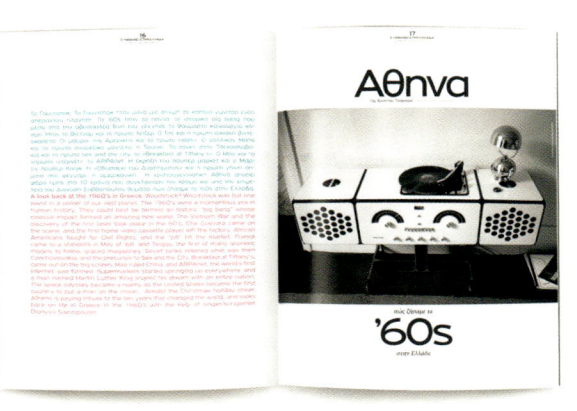

« Famílias tipográficas   **Cor tipográfica**   Geração da fonte »   **Tipografia**

geração da fonte

Embora existam milhares de tipos de fonte disponíveis, às vezes é necessário gerar novas fontes. Criar uma fonte pode ser tão complexo quanto criar uma peça de arte original, ou tão simples quanto copiar e adaptar uma fonte encontrada em publicações mais antigas. As duas técnicas principais para gerar novas fontes são desenhá-las e criá-las em um programa de geração de fontes. A capacidade de criar fontes eletronicamente possibilitou gerá-las rapidamente em resposta às necessidades específicas e aos desejos dos clientes, dos designers e dos tipógrafos.

Desenho
A fonte pode ser desenhada à mão para produzir algo pessoal, idiossincrático, único e análogo. Tipos desenhados à mão podem ser encarados como a criação de marcas por criarem caracteres muito sintonizados com um uso específico.

Processamento em software
As capacidades geométricas do software e o uso de vetores significa que fontes podem ser geradas e ajustadas rapidamente para criar um novo conjunto de caracteres.

Kalathaki Lemnos ↑
Esta embalagem usa a escrita à mão de caracteres gregos para comunicar e enfatizar a natureza pessoal e familiar do produtor, transmitindo a mensagem de que o produto é feito de modo artesanal, e não industrial.
Design: Beetroot

Venue ↑
Esta é a identidade de uma cadeia de apostas que apresenta caracteres renderizados. O designer foi capaz de experimentar e tentar diversas versões do "e" antes da escolha final, que tem um tratamento raro no desenho do olho da letra. O glifo "u" desempenha um papel fundamental – que também significa "you" (você, em inglês) e coloca o cliente no centro da proposição. O "u" também é semelhante à forma de uma ferradura – que é um símbolo da sorte apropriado ao serviço oferecido.
Design: Gavin Ambrose / Adrian Sharman

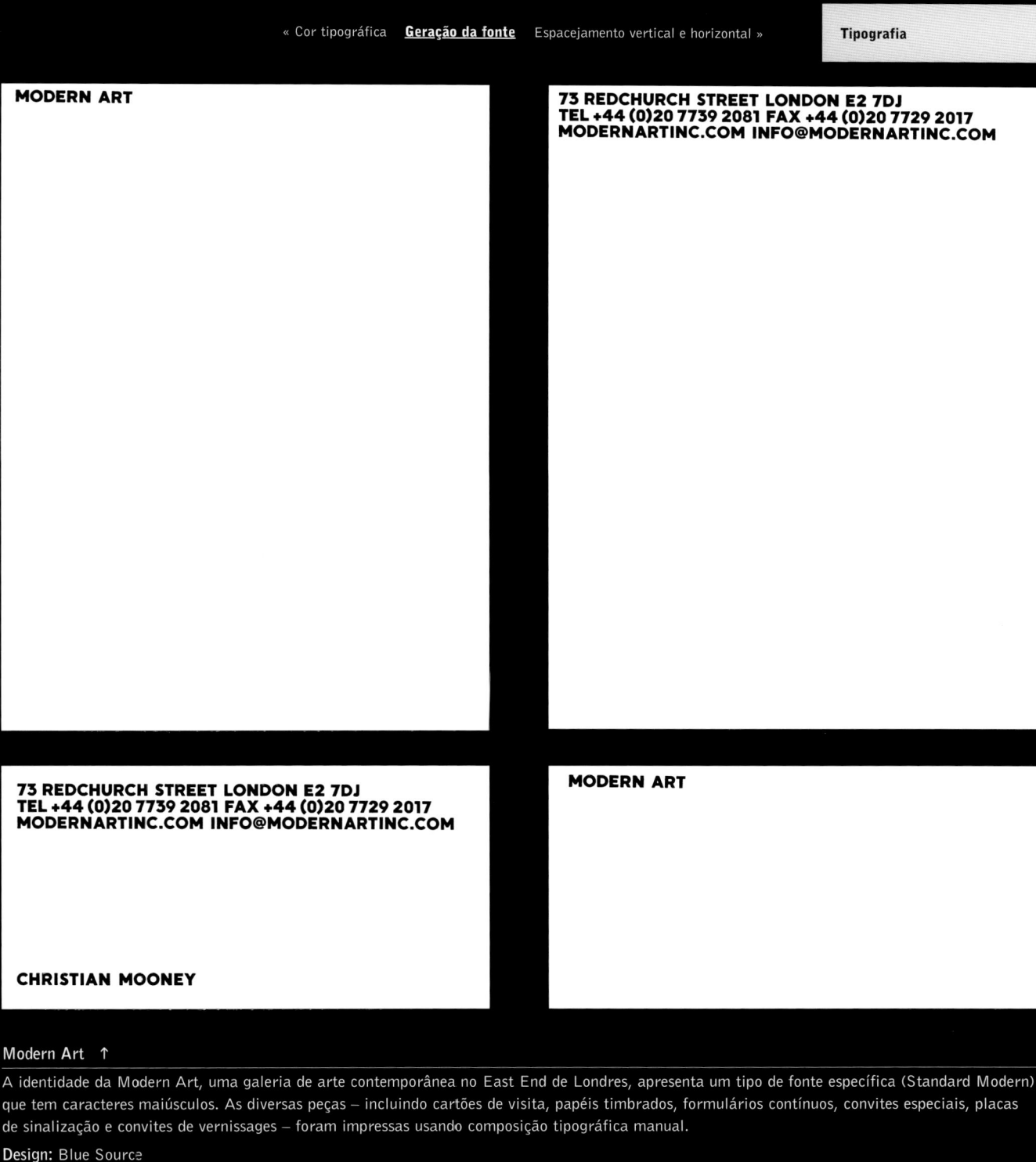

« Cor tipográfica   **Geração da fonte**   Espacejamento vertical e horizontal »   Tipografia

MODERN ART

73 REDCHURCH STREET LONDON E2 7DJ
TEL +44 (0)20 7739 2081 FAX +44 (0)20 7729 2017
MODERNARTINC.COM INFO@MODERNARTINC.COM

73 REDCHURCH STREET LONDON E2 7DJ
TEL +44 (0)20 7739 2081 FAX +44 (0)20 7729 2017
MODERNARTINC.COM INFO@MODERNARTINC.COM

MODERN ART

CHRISTIAN MOONEY

Modern Art ↑

A identidade da Modern Art, uma galeria de arte contemporânea no East End de Londres, apresenta um tipo de fonte específica (Standard Modern) que tem caracteres maiúsculos. As diversas peças – incluindo cartões de visita, papéis timbrados, formulários contínuos, convites especiais, placas de sinalização e convites de vernissages – foram impressas usando composição tipográfica manual.

Design: Blue Source

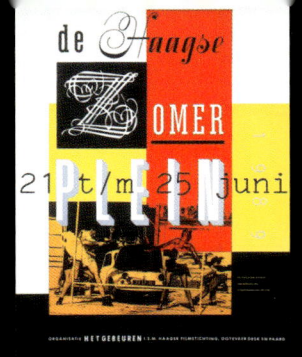

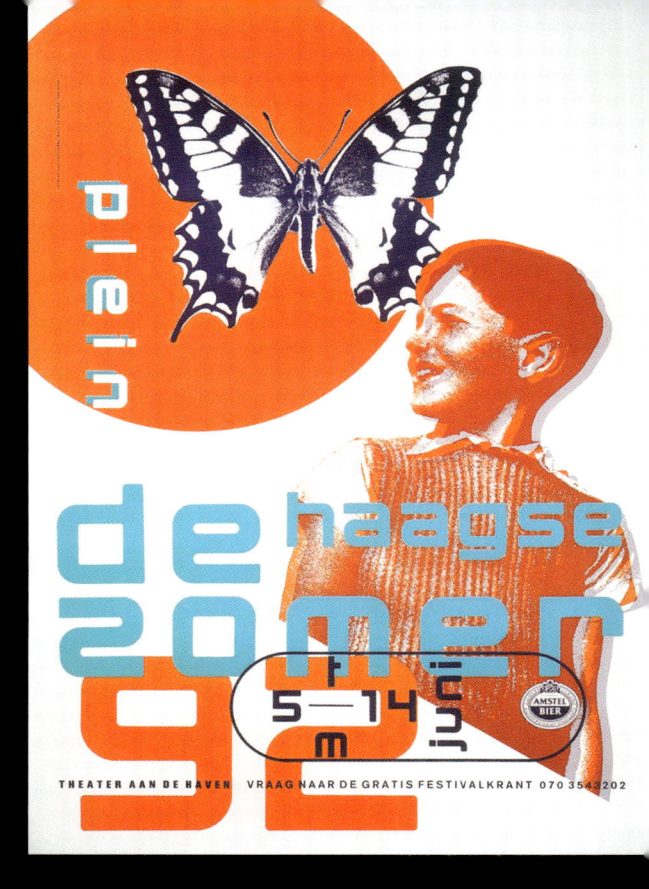

De Haagse Zomer

Estes cartazes para a De Haagse Zomer (The Hague Summer Festival) mostram imagens visuais fortes que destacam de outros cartazes expostos na cidade. As cores brilhantes e as imagens de revistas antigas foram cortadas e coladas juntas à mão. A tipografia foi tirada de antigos manuais tipográficos e inspirada em pioneiros como Piet Zwart e Paul Schuitema na Holanda e contrutivistas russos como El Lissitzky e Rodchenko. Entretanto, o estúdio acrescentou seu toque pessoal, tornando explícito o uso da borda do cartaz e utilizando tipografia de efeito imediato e surpreendente.

Design: Faydherbe / de Vringer

« Cor tipográfica   **Geração da fonte**   Espacejamento vertical e horizontal »   **Tipografia**

ABCDEFGHIJKLMNOPQRSTUVWXYZ
abcdefghijklmnopqrstuvwxyz
0123456789!?,"£$&%@*

Yellow regular

ABCDEFGHIJKLMNOPQRSTUVWXYZ
abcdefghijklmnopqrstuvwxyz
0123456789!?,"£$&%@*

Yellow bold

Yellow pages ↓ ←

Quando a *Yellow Pages* redesenhou suas listas de nomes, endereços e detalhes para contato, a tipografia foi um ponto fundamental. A fonte antiga era difícil de ler, especialmente em tamanhos menores, e o redesenho se concentrou na geração de um tipo focado nos detalhes e nas limitações de um grande volume de impressões. Os caracteres foram criados cuidadosamente para serem mais legíveis em tamanhos pequenos e para permitirem mais informações em uma linha. Características especiais incluíram uma forma básica condensada da fonte com ascendentes e descendentes em 75% da altura normal e junções afinadas para permitir o espalhamento da tinta em corpos bem pequenos.

Design: Johnson Banks

Forma básica condensada

Ascendentes 75% da altura normal

Parte inferior do olho ajustada para permitir o espalhamento da tinta

abcdefg

Junções afinadas para permitir o espalhamento da tinta em corpos bem pequenos

Traço inferior afinado para permitir o espalhamento da tinta

Descendentes 75% da altura normal

espacejamento vertical e horizontal

Para dar diferentes tratamentos e apresentações verticais e horizontais, o texto pode ser posicionado na caixa de texto de diferentes modos.

Alinhado acima
Este texto está alinhado à parte de cima do bloco de texto. É a posição padrão.

Alinhado abaixo
Este texto está alinhado abaixo do bloco de texto.

Centralizado verticalmente
Este texto está alinhado ao centro do bloco de texto; muitas vezes é utilizado para os títulos, legendas e citações.

Justificado verticalmente
Este texto foi justificado verticalmente para forçar as linhas a se distribuírem ao longo da extensão vertical do bloco de texto.

O texto pode ser organizado para alinhar-se ao topo, à parte de baixo ou ao centro do bloco de texto, e em exemplos extremos será justificado, ou seja, irá se alinhar com o topo e a parte inferior do bloco de texto (mostrado acima). Em segundo lugar, o espaçamento adicional pode ser acrescentado entre linhas, chamado de entrelinha, o que irá produzir um ajuste diferente, conforme mostrado abaixo:

Se o texto for ajustado com entrelinha de corpo (sem espaços adicionais), haverá certa quantidade de espaço em branco acima e abaixo do texto, incorporada como parte de cada fonte para acomodar ascendentes e descendentes e evitar que diferentes linhas fiquem muito próximas. A entrelinha é usada para acrescentar mais espaço à parte inferior de cada linha do texto, geralmente a fim de facilitar a leitura.

corpo do tipo 10pt com 12pt de entrelinha

Este parágrafo foi ajustado com uma entrelinha padrão de 120%, o que, para um texto em corpo 10, resulta em 12pt de entrelinha. Utilizar o padrão de 120% é adequado para um tipo em 10pt porque produz um valor inteiro para a entrelinha. Porém, para um corpo 23, o valor resultante de entrelinha torna-se 27,6pt, um número irregular. Nesses casos, é mais fácil arredondar o valor para uma entrelinha mais conveniente de 28pt.

corpo do tipo 10pt com 12pt de entrelinha

Embora haja um padrão geral de entrelinha de cerca de 120% (ou seja, o valor da entrelinha é de 120% do tamanho da fonte), pode-se utilizar, teoricamente, qualquer valor de entrelinha. Para uma apresentação mais extrema, valores negativos de entrelinha podem ser utilizados ao usar uma fonte digital de modo a fazer as linhas de texto se sobreporem.

fonte 10pt com 7pt de entrelinha

Se muita entrelinha for utilizada para definir um bloco de texto, as linhas individuais do texto podem se tornar muito separadas, tornando a leitura difícil pois o olho não consegue seguir de forma eficiente de uma linha a outra. O espaço em branco também pode dominar e subjugar a presença ou a cor do texto.

corpo do tipo 10pt com 18pt de entrelinha

« Geração de fonte   **Espacejamento vertical e horizontal**   Personalidade do tipo »   **Tipografia**

Largura da coluna

Ao escolher um tipo, muitas vezes o fazemos em relação à largura da coluna. A largura de uma coluna de texto é a sua extensão ou o comprimento da linha de texto. O comprimento absoluto da largura de uma coluna varia de acordo com o tipo utilizado e o corpo escolhido, já que a largura da coluna é uma medida relativa a certas quantidades de caracteres, e não a uma distância absoluta. A formatação usando um tipo mais estreito ou condensado será diferente de um texto formatado com uma fonte de largura maior. Ao mudar a fonte, altera-se também a extensão da coluna, o que pode exigir ajustes na largura. Enquanto um tipo pode dar um ajuste relativamente confortável à largura da coluna, outro pode apresentar problemas de espaçamento. Ao mudar a largura, uma coluna ficará mais larga ou mais estreita, e o preenchimento do espaço vertical será feito de forma diferente. Os três elementos – largura da coluna, corpo do tipo e tipo – estão interligados, e qualquer mudança em um deles exige ajustes nos outros. Como fontes de determinado tamanho não compartilham a mesma largura, a passagem de uma fonte a outra irá alterar a configuração do tipo. Conforme fontes de determinado tamanho não compartilham a mesma largura, a passagem de uma fonte a outra irá alterar a configuração do tipo.

Caracteres por linha

Como uma regra geral, o texto com uma largura maior parecerá denso e se beneficiará de uma entrelinha maior. Observe como a coluna abaixo à direita parece mais escura do que a coluna abaixo à esquerda, ainda que tenham o mesmo tamanho de fonte e valor de entrelinha.

Coluna de 12 paicas

Se o texto for configurado com entrelinha de corpo (sem espaços adicionais), haverá certa quantidade de espaço em branco acima e abaixo do texto, incorporada como parte de cada fonte para acomodar ascendentes e descendentes e evitar que diferentes linhas fiquem muito próximas.

Coluna de 24 paicas

A entrelinha é usada para acrescentar mais espaço à parte inferior de cada linha do texto, geralmente a fim de facilitar a leitura. Entrelinha designava os espaçadores (tiras de chumbo) que cumpriam essa função na composição tipográfica manual; ela é expressa em pontos. O corpo e a entrelinha podem ser descritos como Garamond 10/12, ou seja, o corpo da fonte Garamond tem 10 pontos, a distância entre as linhas de base é de 12 pontos e a entrelinha, portanto, tem 2 pontos. Garamond 10/10 significa que não há entrelinha. O efeito da entrelinha dependerá do corpo e da altura x de cada fonte.

Existem diversas formas de determinar uma largura de coluna de texto que produzirá um comprimento de linha confortável de ler, que não seja nem muito longo nem muito curto.

Opção 1

O comprimento de linha ótimo tem cerca de nove palavras, baseado numa média de palavras com cinco caracteres de comprimento.

Lorem ipsum dolor sit amet, autem zzril elit, sed

Opção 2

O comprimento de linha ideal fica em torno da metade do alfabeto em caixa baixa.

abcdefghijklmnopqrstuvwxyzabcdefghijklm

Opção 3

Aproximadamente 26 caracteres é considerado o número mínimo, 38, ótimo e 68, máximo.

abcdefghijklmnopqrstuvwxyz

abcdefghijklmnopqrstuvwxyzabcdefghijklm

abcdefghijklmnopqrstuvwxyzabcdefghijklmnopqrstuvwxyzabcdefghijklmnop

Também precisamos escolher como alinhar o texto no plano horizontal.

Alinhado à esquerda	Alinhado à direita	Centralizado	Justificado
Esse alinhamento segue o princípio da escrita, com o texto junto e alinhado à margem esquerda e terminando na margem direita.	O alinhamento à direita é menos comum, já que é mais difícil de ler. Às vezes é usado para legendas de figuras e outros textos complementares, já que se distingue claramente do corpo do texto.	Cada linha é centralizada horizontalmente para formar uma configuração simétrica na página, com inícios e términos de linha irregulares. A irregularidade pode ser controlada pelo ajuste dos términos das linhas.	Textos justificados inserem espaço de modo a estenderem-se para as margens esquerda e direita. Isso permite o aparecimento de rios de espaço em branco.

Finalmente, também precisamos considerar como espaçar palavras individuais, letras e caracteres em particular:

Espacejamento entre letras

O espaçamento entre letras, ou tracking, ajusta o espaço entre os caracteres, permitindo abrir um texto que está muito apertado. Entretanto, adicionar espaço demais entre as letras pode fazer o texto parecer desarticulado conforme as letras vão se afastando. Uma peculiaridade interessante do espaçamento é que, quanto maior a fonte, por exemplo para um pôster, mais espaço é necessário tirar, e não colocar. **Os valores de espaçamento não necessariamente funcionam com qualquer tipo, pois as fontes têm características e espessuras diferentes em seus traços, que afetam sua cor tipográfica e espaçamento.**

Espaço entre palavras

A distância entre palavras – o espaço entre palavras – pode ser aumentada ou diminuída quando é necessário deixar o espaçamento entre letras inalterado. O espaço entre palavras é utilizado especialmente em texto justificado, para produzir uma aparência equilibrada nos blocos de texto. Um espaço grande entre palavras resulta em um corpo de texto mais "claro"; um espaço entre palavras menor resulta em uma aparência mais sólida e "cinzenta". De modo geral, quanto maior for a largura da coluna de texto, mais espaço poderá ser inserido. Um livro, por exemplo, muitas vezes terá mais espaço entre palavras do que uma revista ou jornal, que tendem a ser mais compactos.

Kerning

Kerning, ou compensação, é a remoção do espaço entre caracteres. O kerning originalmente se referia à parte de um caractere que se estendia para fora do seu bloco delimitador ou da impressão. Ele é utilizado para reduzir o espaço entre duas letras e dar uma aparência mais agradável ao texto. No exemplo (direita), o espaço entre "k" e "e" foi reduzido. Veja como o "k" se junta à palavra.

Texto ajustado com folga
Texto com ajuste normal
Texto com ajuste apertado
Texto ajustado com sobreposição

Espaço normal entre palavras

Espaço reduzido entre palavras

Espaço aumentado entre palavras

Sem ajuste de kerning – o k parece desarticulado

kerning

Com ajuste de kerning – o k está conectado ao resto da palavra

kerning

« Geração de fonte   **Espacejamento vertical e horizontal**   Personalidade do tipo »   **Tipografia**

Justificação e hifenização do texto
Uma atenção especial precisa ser dada à justificação do texto, principalmente em uma largura estreita. Hifenização consecutiva, viúvas, espaçamento irregular (buracos) e caminhos de rato (formas verticais criadas por espaços em branco) são comuns na justificação automática de texto (abaixo).

A primeira linha tem grandes espaços em branco se abrindo (a) enquanto, em contraste, a última linha tem um espaço muito pequeno (b). A hifenização pode resolver problemas (c), permitindo a quebra de palavras e dando um melhor equilíbrio. Precisa-se tomar cuidado para que as palavras sejam hifenizadas ou quebradas em lugares lógicos.

Um problema comum do texto justificado são os "buracos": grandes espaços em branco entre as palavras. Os "caminhos de rato", como são chamadas as linhas formadas pela união de espaços em branco, também devem ser evitados. Uma dica valiosa para identificar problemas é examinar o texto com olhos semicerrados, para que você possa **ver** apenas as formas sem **ler** as palavras; virarotextodeponta-cabeçatambémfunciona.

personalidade do tipo

Associamos automaticamente características de personalidade a tipos; por exemplo, dizemos que algumas fontes são autoritárias enquanto outras são descontraídas. As personalidades que encontramos na tipografia se estendem à maneira como interpretamos a mensagem que um texto comunica, refletindo também os valores da pessoa ou organização que a produziu. Se as características de uma fonte forem consistentes com aquilo que as palavras afirmam, dizemos que ela tem compatibilidade. Sem compatibilidade ou consistência, um leitor responderá mais lentamente ao texto e talvez não aceite a mensagem. Qual é sua reação às palavras abaixo? Fontes com muita personalidade podem não provocar um bom efeito e talvez sejam difíceis de ler.

A personalidade de uma fonte pode ter um efeito positivo, negativo ou neutro sobre o design. Para tirar o máximo proveito do uso das fontes, é importante uma percepção daquilo que a personalidade da fonte representa.

CONTEMPORÂNEA?

Monotype Gallia
Uma fonte clássica da Monotype sem caixa-baixa.

SÉRIA?

Playbill 1938 Robert Harling
Fonte de serifa quadrada extradensa.

TRADICIONAL?

Pop 1992 Neville Brody
Fonte moderna que faz referência à tecnologia bitmap – tudo, menos tradicional.

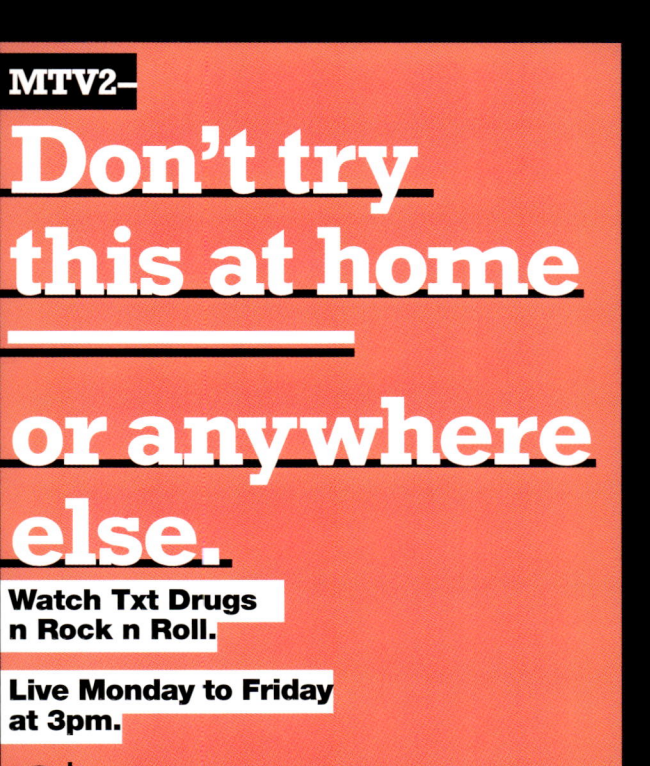

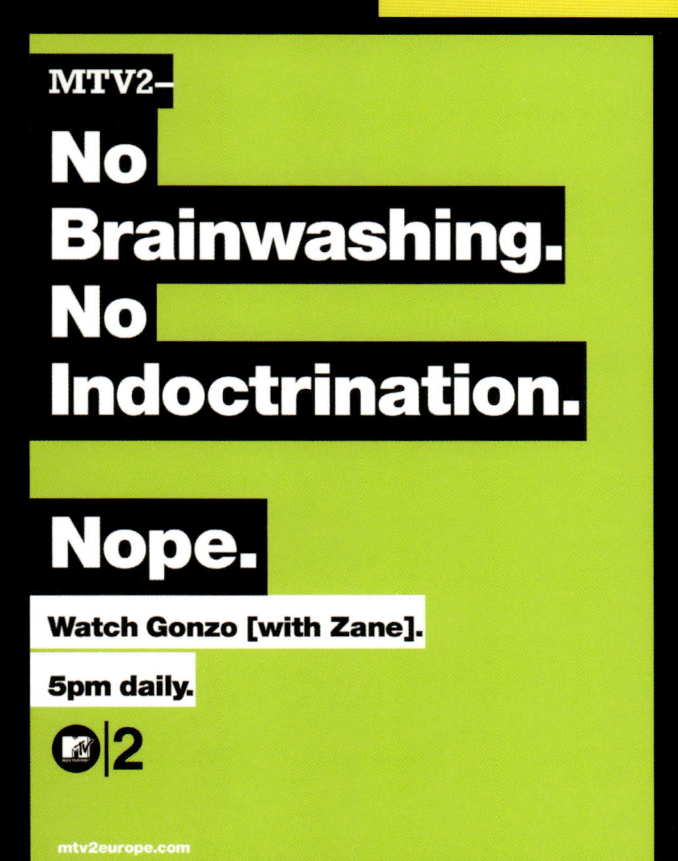

« Espacejamento vertical e horizontal   **Personalidade do tipo**   Caracteres especiais e ligaturas »   **Tipografia**

MTV2 ↑ ←

Este reposicionamento de marca utiliza slogans descartáveis para um canal de TV sem modelos de identidade ou estruturas fixas. Destina-se aos jovens de 16 a 25 anos do sexo masculino, e se autodefine como uma "TV mutante". A personalidade do tipo é simples, descartável e propositalmente grosseira para criar um diálogo com a audiência em seu próprio dialeto. O projeto tem atitude, mas não se leva a sério e, como é modular, pode ser fácil e rapidamente atualizado para refletir as mudanças contínuas na cultura jovem.

Design: DixonBaxi

caracteres especiais e ligaturas

Um alfabeto apenas não é o suficiente para estruturar as informações textuais que desejamos ou comunicar os acentos fonéticos e as inúmeras ideias e proposições que queremos. Para tanto, precisamos de caracteres especiais. A pontuação permite qualificar, quantificar e organizar informações; os acentos fornecem informações sobre como uma letra é pronunciada; e os pictogramas fornecem informações de forma abreviada, por exemplo, unidades monetárias.

Os caracteres mostrados abaixo são alguns dos caracteres especiais utilizados para pontuação ou para ajudar na comunicação dentro do texto.

Pontuação				**Acentos**		**Pictogramas**	
'	apóstrofo	"	plica dupla	´	agudo	*	asterisco
,	vírgula	" "	aspa dupla		(á, é, í, ó, ú)	¶	pé de mosca
( )	parênteses	' '	aspa simples		(á, é, í, ó, ú)	ß	eszett
{ }	chaves		**Pontos**	`	grave	Æ	aesc
[ ]	colchetes	˙	ponto superior		(à, è, ì, ò, ù)	¥	iene
-	hífen	·	ponto central		(à, è, ì, ò, ù)	£	libra esterlina
–	travessão n	.	ponto	¨	trema / diérese	$	dólares
—	travessão m	•	bullet		(ä, ë, ï, ö, ü)	€	euro
_	sublinha		**Caracteres**		(ä, ë, ï, ö, ü)	@	at (em)
:	dois-pontos	+	adição	^	circunflexo	™	marca comercial
;	ponto e vírgula	-	subtração		(â, ê, î, ô, û)	©	copyright
/	barra	x	multiplicação		(â, ê, î, ô, û)	&	"e" comercial
\	barra invertida	÷	divisão	~	til	†	adaga
...	reticências	%	por cento		(ã, ñ, õ)	‡	adaga dupla
! ¡	ponto de exclamação	‰	por milhar		(ã, ñ, õ)	§	seção
¿ ?	ponto de interrogação	#	cerquilha / sinal de bloco de dados	˘	braquia	Ω	omega
>	maior que	=	igual	¸	cedilha	∞	infinito
<	menor que	°	grau			☞	punho
« »	aspas francesas	°	anel				
'	plica						

Hifens, travessão n e m
Um hífen costuma ter um terço do comprimento do eme. O uso tipográfico desses caracteres varia bastante, e eles são muitas vezes confundidos. Um hífen é utilizado para separar partes de palavras compostas, ligar as palavras de uma frase e unir sílabas de uma palavra que é dividida entre linhas separadas. Travessões-eme e travessões-ene são utilizados para separar orações em um período. Em geral, travessões-eme são mais utilizados nos EUA, com o travessão encostado na primeira e na última letra das palavras. O travessão-ene costuma ser mais utilizado na Europa e no Brasil com um espaço dos dois lados.

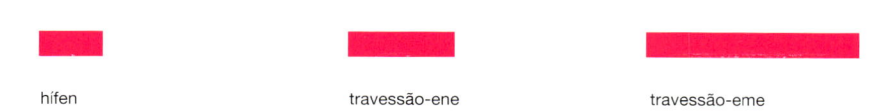

hífen

travessão-ene

travessão-eme

« Personalidade do tipo   **Caracteres especiais e ligaturas**   Sistema de Frutiger »   **Tipografia**

Knoll Christmas card ↑

As palavras Noël e Knoll foram combinadas para criar um cartão de Natal sucinto para o fabricante de móveis Knoll. O espacejamento entre letras negativo é utilizado para fundir o significado das duas palavras. Um presente tipográfico; com o perdão do trocadilho.

Design: NB: Studio

Ligaturas

Uma ligatura é um dispositivo tipográfico utilizado para unir dois ou três caracteres separados e formar uma só unidade. Ligaturas são utilizadas como solução para a interferência que determinadas combinações de caracteres criam. As ligaturas são formadas pela extensão do traço ou pela conexão de ascendentes de alguns caracteres, dependendo dos caracteres que estão envolvidos. O nome "ligatura" deriva de "ligare", uma palavra latina para "ligar". Os exemplos abaixo mostram como o ascendente de "f" e a serifa do ascendente da letra seguinte às vezes causam interferência um no outro. Em vez de tentar separá-los com o espacejamento entre letras, muitas vezes são unidos por uma ligatura. De maneira semelhante, onde o pingo do "i" ou do "j" parece se misturar com "f", a ligatura os une em um traço e os pingos são removidos.

Combinações latinas

ff   fi   fl   ffi   ffl

ff   fi   fl   ffi   ffl

Combinações não latinas

fb   fh   fj

fb   fh   fj

Texto composto com e sem ligaturas

sistema de Frutiger

Adrian Frutiger é um artista importante entre os designers tipográficos devido às muitas fontes que criou, mas especialmente à família do tipo Univers, lançada em 1957 por Deberny & Peignot.

      Uma razão crucial do sucesso da Univers foi o sistema de numeração que Frutiger desenvolveu para identificar a largura e o peso de cada uma das 21 fontes originais dessa família. Após revisões e extensões, há atualmente mais de 50 tipos de fonte Univers, alguns dos quais são mostrados na página ao lado. No entanto, o êxito dessa família tipográfica não se restringe ao fornecimento de uma ampla variedade de fontes.

      A apresentação diagramática da família do tipo Univers por Frutiger dá um sentido de ordem e homogeneidade aos relacionamentos entre peso e largura que os membros da família têm entre si. Esse sistema forneceu uma base e um padrão visual que outros designers puderam usar para criar e formar suas próprias famílias. Desde então, esse sistema foi adotado por outros criadores de fontes, como pode ser visto neste exemplo do tipo Helvetica Neue.

Helvetica
Criada por Max Miedinger, em 1959, para a fundição de tipos Haas, tornou-se um dos tipos mais usados nos anos 1960. Antigamente, era chamada de Neue Haas Grotesk. Desenvolvida com uma característica "anônima" no estilo modernista.

Helvetica Neue 95
Helvetica Neue 85
Helvetica Neue 75
Helvetica Neue 65
Helvetica Neue 55
Helvetica Neue 45
Helvetica Neue 35
Helvetica Neue 25

« Caracteres especiais e ligaturas **Sistema de Frutiger** Detalhes do tipo »   **Tipografia**

Adrian Frutiger é um tipógrafo internacionalmente famoso por suas várias fontes e também por criar estilos específicos para diversas organizações internacionais. Ele também desenvolveu o sistema de sinalização pública completo do aeroporto Charles de Gaulle, Paris.

39
Univers

45
Univers

46
Univers

47
Univers

48
Univers

49
Univers

53
Univers

55
Univers

56
Univers

57
Univers

58
Univers

59
Univers

63
Univers

65
Univers

66
Univers

67
Univers

68
Univers

73
Univers

75
Univers

76
Univers

83
Univers

Univers

Adrian Frutiger é conhecido por várias fontes — especialmente pela Univers. Lançada em 1957 pela fundição Deberny & Peignot, em Paris, a fonte foi lançada tanto para composição a quente (linotipo) quanto para composição a frio (fotocomposição).

Frutiger posteriormente usou esse sistema para outros tipos: Serifa, Glypha, Frutiger, Avenir etc.

Desde então, outros designers adotaram esse sistema, como pode ser visto no tipo Helvetica Neue (oposto).

detalhes do tipo

Os tipos variam sob muitos aspectos. Alguns têm serifas, outros, não. O espacejamento entre letras não é a característica mais óbvia que vem à mente ao especificar uma fonte, mas em certas ocasiões é de suma importância. O espacejamento entre letras é o espaço que uma letra ocupa – uma fonte pode ser monoespacejada ou proporcionalmente espacejada.

Fonte monoespacejada
Cada caractere em uma fonte monoespacejada ocupa a mesma largura independentemente do seu tamanho real. Essas fontes eram originalmente utilizadas em máquinas de escrever. Elas permitem alinhar o texto em colunas verticais para produzir facilmente faturas, por exemplo. Courier é uma das fontes monoespacejadas mais comuns da era do computador.

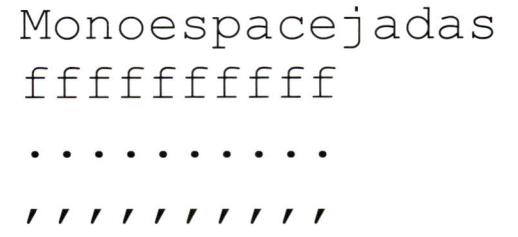

```
Monoespacejadas
ffffffffff
. . . . . . . . . .
, , , , , , , , , ,
```

Fonte proporcionalmente espacejada
Um sistema de espacejamento proporcional foi utilizado pelas companhias tipográficas Monotype e Linotype porque simula o espacejamento entre letras das formas históricas feitas à mão. Caracteres individuais ocupam um espaço proporcional ao seu tamanho.

Proporcionalmente espacejada
ffffffffffffffffffff
. . . .
, , , , , , , , , , , , , , , , , , , ,

Algarismos alinhados
A maioria das fontes contém um conjunto de algarismos alinhados, caracteres que têm altura e larguras iguais, ou monoespacejadas. Os caracteres monoespacejados permitem alinhar numerais verticalmente, o que é importante para informações tabulares, como contas. Por terem a mesma altura, são fáceis de ler.

2,341,536,685.00
153,687,145.18
515,598.89

Algarismos no estilo antigo
Às vezes chamados de algarismos em caixa baixa, têm alturas diferentes, o que pode dificultar a leitura.

2,341,536,685.00

Numerais não alinhados
Estes caracteres ocupam larguras proporcionais ao seu tamanho, tornando-os impróprios para a apresentação da informação em tabela.

2,341,536,685.00
153,687,145.18
515,598.89

« Sistema de Frutiger **Detalhes do tipo** Temas tipográficos »   **Tipografia**

Tamanho do tipo
Obviamente, o tipo se torna maior à medida que seu tamanho aumenta, mas, como fontes têm diferentes pesos, alguns parecem maiores do que outros quando na verdade têm o mesmo tamanho de ponto.

Linha intermediária
Linha de base

altura-x

Altura-x
A altura-x não é uma medida fixa. Ela nem mesmo está relacionada ao corpo de um determinado tipo. Todos os Xs acima foram configurados com 50 pontos, e uns são maiores que outros. A altura-x é uma medida relativa que se refere à distância entre a linha de base e a linha intermediária.

VERSALETE GERADO

VERSALETE VERDADEIRO

Versalete (acima)
Versaletes verdadeiros têm caracteres que são renderizados com o mesmo peso. Versaletes feitos com maiúsculas com o corpo diminuído em programas de editoração, não.

Itálicas e oblíquas (abaixo)
A fonte itálica, para alguns tipos, é produzido pela inclinação da fonte Roman. Isso, na realidade, é uma oblíqua (abaixo). Uma itálica verdadeira, como a da Palatino, é uma fonte essencialmente redesenhada (mais abaixo). Note a diferença na letra "a".

Frações (abaixo)
As frações podem ser apresentadas de diferentes maneiras; geralmente, elas aparecem como frações não formatadas quando você digita os numerais no computador (linha superior). Frações eme (linha do meio) são criadas utilizando numerais sobrescritos e subscritos separados por uma barra de fração. Frações ene normalmente são pré-geradas dentro de uma fonte (linha inferior).

Helvetica Roman
Helvetica Italic

Palatino
Palatino

1/6 3/4 1/4 3/8

Frações não determinadas

⅙ ¾ ¼ ⅜

Frações eme

$\frac{1}{6}$ $\frac{3}{4}$ $\frac{1}{4}$ $\frac{3}{8}$

Frações ene

temas tipográficos

O design gráfico está sujeito aos desafios impostos pelas tendências intelectuais e estéticas que influenciam o trabalho dos designers e que, de um modo geral, refletem as atitudes da sociedade. O design responde às mudanças de tema que guiam a forma como vemos o mundo. Essas tendências ajudam a modelar o desenvolvimento e a evolução do design gráfico como uma disciplina criativa, abrindo novas portas para as possibilidades de criação.

Modernismo
O modernismo (1890-1940), por meio dos movimentos cubista, surrealista e dadaísta, foi modelado pela industrialização e urbanização da sociedade ocidental. Os modernistas, incluindo movimentos como o construtivismo, De Stijl e a escola Bauhaus, afastaram-se do zeitgeist rural e provinciano predominante na Era Vitoriana, rejeitando seus valores e estilos em favor do cosmopolitismo. A funcionalidade e o progresso, expressos pela máxima "A forma segue a função", tornaram-se preocupações fundamentais na tentativa de ir além da representação física externa da realidade por meio da experimentação, em uma luta para definir o que deveria ser considerado "moderno". No design gráfico, o modernismo abraçou uma abordagem assimétrica para o layout, com uma adesão estrita ao grid, ênfase no espaço em branco e na tipografia sem serifa, na ausência de decoração e embelezamento.

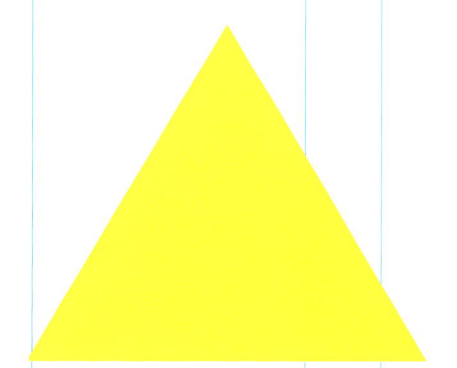

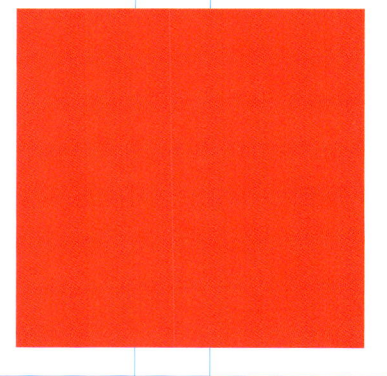

a bauhaus
a escola bauhaus, aberta em 1919 sob a direção do renomado arquiteto walter gropius, buscava uma abordagem inovadora ao design após a primeira guerra mundial.

de stijl
movimento artístico e de design surgido em torno da revista de mesmo nome, fundado por theo van doesburg, de stijl (o estilo) utilizava formas retangulares fortes, empregava cores primárias e celebrava composições assimétricas.

construtivismo
o construtivismo russo influenciou o modernismo por meio da tipografia sem serifa preta e vermelha, disposta em blocos assimétricos.

kandinsky
em 1923, kandinsky propôs que havia uma relação universal entre as três formas básicas e as três cores primárias. o triângulo amarelo seria mais ativo e dinâmico, e o círculo azul, mais frio e passivo.

Universal 1925 Herbert Bayer
A fonte Universal de Bayer foi desenvolvida na escola Bauhaus e é uma redução das formas romanas a formatos geométricos simples. A forma circular é um traço característico da fonte e cada caractere é muito parecido com os demais.

« Detalhes do tipo   **Temas tipográficos**   Classificação do tipo / Tipo no ambiente »   **Tipografia**

ABCDEFGHIJKLMNOPQRSTUVWXYZ
abcdefghijklmnopqrstuvwxyz 1234567890

Kabel 1927–29 Rudolf Koch
Note the uniform nature of the characters.

ABCDEFGHIJKLMNOPQRSTUVWXYZ
abcdefghijklmnopqrstuvwxyz 1234567890

Eurostile 1962 Aldo Novarese
Letters form square shapes.

ABCDEFGHIJKLMNOPQRSTUVWXYZ
abcdefghijklmnopqrstuvwxyz 1234567890

Frutiger 1976 Adrian Frutiger
Organic nature of the characters.

ABCDEFGHIJKLMNOPQRSTUVWXYZ
abcdefghijklmnopqrstuvwxyz 1234567890

Futura 1927–30 Paul Renner
Observe the straight tail of the Q and the geometric form of the G.

ABCDEFGHIJKLMNOPQRSTUVWXYZ
abcdefghijklmnopqrstuvwxyz 1234567890

Litera 1983, Michael Neugebauer
Inspired by the simple geometric shapes of early Bauhaus fonts. The softness of the shape and the rectangle are evident.

Industria 1989 Neville Brody
A fonte Industria foi desenvolvida para a revista The Face.

Muitas vezes utilizando artefatos vernaculares*, o pós-modernismo foi trilhado pela Basel School na Suíça e, posteriormente, pela Cranbrook Academy of Art nos Estados Unidos.

Arcadia 1990 Neville Brody
Brody baseou sua fonte Arcadia em um banner que criou para a revista Arena, por sua vez inspirada nos caracteres simples de uma máquina de escrever IBM.

O termo "design vernacular" costumava descrever a ação de encontrar referências nas diferenças. Um exemplo disso é a fonte Template Gothic, de Barry Deck, baseada em sinalizações americanas. "A sinalização foi elaborada com modelos de letras e era muito elegante, obviamente, havia sido criada por alguém totalmente inapto", explicou Deck.

* as diferenças idiomáticas entre países e regiões

Pós-modernismo Surgiu depois da Segunda Guerra Mundial e questionava a noção de que há uma realidade confiável por meio da desconstrução da autoridade e da ordem estabelecida das coisas, adotando a fragmentação, a incoerência e o ridículo.

O **pós-modernismo** retomou as concepções anteriores de adorno e decoração, celebrando a expressão e a intuição pessoal em detrimento da fórmula e da estrutura. Em tipografia, percebeu-se o retorno de fontes mais elaboradas, decoradas e adornadas que se afastavam das formas puramente funcionais.

Mrs Eaves 1996 Zuzana Licko
Uma nova versão da fonte Baskerville. Recebeu esse nome em homenagem à governanta de John Baskerville, Sarah Eaves.

« Detalhes do tipo **Temas tipográficos** Classificação do tipo / Tipo no ambiente »   Tipografia

ABCDEFGHIJKLMNOPQRSTUVWXYZ
abcdefghijklmnopqrstuvwxyz 1234567890

Blur 1992 Neville Brody
A sensação de letras fora de foco sugere "borrado" criada com uma nova fonte.

ABCDEFGHIJKLMNOPQRSTUVWXYZ
abcdefghijklmnopqrstuvwxyz 1234567890

Template Gothic 1990 Barry Deck
Inspirada por letras desenhadas em estêncil.

ABCDEFGHIJKLMNOPQRSTUVWXYZ
abcdefghijklmnopqrstuvwxyz 1234567890

Trixie 1991 Erik van Blokland
Sugere irregularidades causadas pelas marcas de uma máquina de escrever.

ABCDEFGHIJKLMNOPQRSTUVWXYZ
abcdefghijklmnopqrstuvwxyz 1234567890

Dot Matrix 1995 Cornel Windlin, Stephan Müller
Fonte influenciada pela sinalização eletrônica.

ABCDEFGHiJKLMNOPQRSTUVWXYZ
abcdefghijklmnopqrstuvwxyz 1234567890

Keedy Sans 1989 Jeffery Keedy
Características sem serifa idênticas com traços de largura irregulares.

Classificação do tipo / Tipo no ambiente

Exercício 1 – Classificação do tipo

Premissa
Tipos podem ser classificados de diversas formas, de acordo com seu estilo, características e época histórica. Pode-se dizer que os sistemas de classificação originais não se referem à forma como a tipografia é utilizada atualmente.

Exercício
Pense em uma nova forma de classificação que se baseie em uma necessidade específica ou em uma determinada área do design na qual esteja interessado. Um exemplo disso seria classificar o tipo de acordo com o modo como ele passou a ser usado, por exemplo, em filmes, livros, sites e na indústria musical. Outra alternativa seria classificar o tipo por sua popularidade – do mais ao menos utilizado. Pense também em classificar o tipo de acordo com o que ele faz sentir, o que evoca, ou como esse sentimento é construído.

Resultado
Produza uma visualização de sua classificação e os principais aspectos que determinaram a categoria a qual o tipo pertence. Essa visualização pode ser feita em formato de pôster, de imagem em movimento ou em um livro pequeno.

Objetivo
Motivar estudantes a observar cuidadosamente as diferentes características dos tipos e se tornarem aptos a caracterizá-las para melhorar a comunicação por meio dos tipos.

Fontes ↑ ←

Fontes diferentes possuem características e personalidades distintas. Algumas são formais, outras descontraídas; algumas têm um estilo diferenciado enquanto outras são discretas. Se familiarizar com os diferentes tipos de fonte irá permitir a seleção adequada e apropriada do tipo.

« Temas tipográficos   **Classificação do tipo / Tipo no ambiente**   **Tipografia**

Sinalização ← ↓

O tipo no ambiente toma uma série de formas, como os sinais "estacionamento para visitantes" e o "proibido mergulhar" mostrados aqui, que podem estimular ou inspirar designers pelo encontro casual com diferentes apresentações e usos.

Exercício 2 – Tipo no ambiente

Premissa
O ambiente urbano está repleto de tipografias montadas com fontes de cores e tamanhos diferentes e utilizando diversas interpretações das convenções tipográficas.

Exercício
Fotografe exemplos diversificados de tipografia no ambiente urbano em diferentes contextos e lugares, incluindo sinais feitos à mão.

Resultado
Relate suas descobertas sobre como o tipo é utilizado nos ambientes e o que o surpreendeu sobre essa descoberta tipográfica.

Objetivo
Motivar estudantes a explorarem como estilos tipográficos diferentes são utilizados em contextos e lugares distintos.

PORNOGRAPHY NEEDS ↓YOU↓

« Tipografia **Imagem** Cor »

Imagem

As **imagens** são os elementos gráficos que podem dar vida a um design. Seja como o foco principal de uma página ou como um elemento secundário, são essenciais à comunicação de uma mensagem e à consolidação da identidade visual de um projeto. As imagens desempenham várias funções, desde transmitir a dramaticidade de uma matéria jornalística, resumir e sustentar um argumento apresentado no texto até fornecer uma quebra visual para um bloco de texto ou espaço vazio. Elas são eficazes porque comunicam rapidamente uma ideia ou instrução, fornecem informações detalhadas ou transmitem uma sensação que o leitor pode compreender com facilidade. Como você descreveria as últimas tendências da moda em palavras? É difícil se comparado à facilidade de mostrá-las em uma imagem.

Seu uso inclui o trabalho com diferentes tipos de imagem, (como ilustrações ou fotografias), a maneira como falamos sobre imagens (por exemplo, o que é um ícone ou um pictograma) e as considerações pragmáticas para o uso de uma imagem (sua resolução e formatos de saída).

Fuse ←

Com a revista *Fuse* – fundada por Neville Brody e John Wozencroft –, a tipografia expandiu-se para terrenos inexplorados à medida que designers utilizaram a tecnologia de computador disponível para descobrir novas possibilidades criativas. A *Fuse* mostra uma geração expressiva de fontes em que o simbolismo ganhou destaque e se tornou o objetivo final em relação à mera funcionalidade, abordando questões sociais por meio de formas e estilo das letras. Cada edição da *Fuse* era acompanhada de um CD com novas fontes. Na página ao lado, o pôster de 1994 da Fuel que mostra a fonte F Tape, uma combinação de fonte e imagem.

Design: Neville Brody / Research Studios

significado da imagem

As imagens são comunicadores poderosos por causa de seus significados emocionais, culturais e factuais, lidos em seu conteúdo. O modo como as imagens são apresentadas também afeta como serão recebidas, porque elas têm significados conotativos e denotativos. Algo que seja indicado por um símbolo visível tem significado denotativo. Por exemplo, "casa" tem significado denotativo quando associamos a palavra a uma construção, mas também tem um significado secundário conotativo. A conotação se refere a coisas que são percebidas, aprendidas ou pensadas. A imagem de uma casa denota lar, ou um lugar onde se vive, mas também recebe outras conotações, como família e segurança.

Semiótica

A semiótica é o estudo dos símbolos e oferece explicações sobre como interpretamos imagens. A semiótica diz que determinadas imagens podem comunicar significados de três formas: o signo ou o que ele mostra, um sistema maior do qual a imagem faz parte e o contexto no qual a imagem é apresentada. Como designers, precisamos estar cientes dessas facetas, porque o que pretendemos transmitir utilizando imagens e símbolos nem sempre é interpretado da forma que queremos.

O significante e o significado

O significante dá informações sobre um objeto. Por exemplo, a palavra significante, ou uma série de letras e formas, que sabemos ter um significado. O significado é o objeto ou a ideia que o significante está comunicando. Por exemplos, as letras C A S A formam a palavra casa, e significam construção ou lar. Quando dois elementos são combinados, o resultado é um signo. Existem três tipos principais de signos, conforme mostramos abaixo.

Símbolo

Símbolos comunicam mais uma representação do que algo que realmente existe. Os símbolos acima representam homem e mulher, embora não se pareçam em nada com um homem e uma mulher. No entanto, são comunicadores ou significantes poderosos para essa informação.

Ícone

Um ícone é um elemento gráfico que representa um objeto, uma pessoa ou outra coisa. Ele normalmente é a redução de um objeto de modo que seja instantaneamente reconhecido pelo que é. Esses ícones representam homem e mulher e são silhuetas simplificadas de um homem e de uma mulher.

Índice

Um índice é um símbolo que cria uma ligação entre objeto e signo. Este símbolo do sapato, por exemplo, poderia ser um índice para mulher, porque é claramente reconhecido como feminino.

Significado da imagem   Tipos de imagem »   Imagem

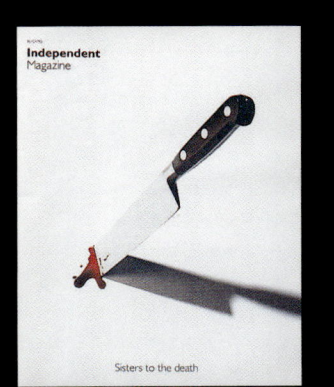

languageimagetrap ↑

Estes pôsteres para um projeto de pesquisa sobre educação e design mostram justaposições de imagens contemporâneas com detalhes de uma pintura antiga. Uma palavra sozinha em cada pôster combina-se com a imagem que dá uma pista sobre o conteúdo da palestra, questionando como imagem e linguagem se relacionam. O leitor aplica o significado conotativo da associação de palavra e imagem.

Design: Visual Research

Revista Independent ←

Esta capa de revista abandona o slogan por uma página baseada em

tipos de imagem

Existem dois tipos principais de imagens digitais — bitmaps e vetores. Eles se referem a como as imagens são geradas, salvas e utilizadas. Cada tipo de imagem tem vantagens e desvantagens específicas e podem ser manipuladas e utilizadas de formas diferentes.

Rasterizadas

Uma imagem rasterizadas ou bitmap é qualquer imagem gráfica que seja composta por elementos de imagem ou pixels em um grid em que cada pixel contém informações de cor. Os gráficos de bitmap geralmente não podem ser ampliados porque têm uma resolução fixa, ou seja, quando você redimensiona a imagem, ela pode ficar distorcida e irregular, pixelada. Imagens rasterizadas são imagens compostas de pixels, que apenas são reproduzidas corretamente em um determinado tamanho. Qualquer ampliação causará redução de qualidade. A imagem abaixo está em 300 dpi a 100%. A da direita está ampliada no mesmo tamanho, mas com uma resolução mais baixa de 72 dpi, mostrando a degradação da qualidade.

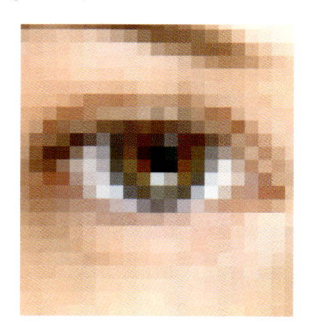

Vetores

Um vetor é feito de muitos objetos individuais e que podem ser ampliados, definidos por uma fórmula matemática e não por pixels, o que os torna ampliáveis ou de resolução independente. As fontes, por exemplo, são vetores. A principal desvantagem de um vetor é que não são adequados para reproduzir imagens realistas, porque não conseguem descrever os tons contínuos e sutis de uma fotografia. Como vetores são um processo matemático, eles podem ser ampliados infinitamente sem perda de qualidade ou resolução. Essa ampliação em 1000% de uma parte do pôster na página seguinte mantém a clareza do texto e das linhas.

Resolução de imagem e formatos de arquivo

Compreender alguns dos mecanismos sobre como as imagens rasterizadas funcionam pode ajudar o designer a obter bons resultados delas. O espaçamento dos pixels em uma imagem determina a sua resolução, que é medida em pixels por polegada (pixels per inch — ppi), também chamado ponto por polegada (dots per inch — dpi). Quanto mais alta a resolução, maior o número de pixels ou de informação na imagem. Uma resolução mais alta significa que uma imagem pode conter mais informações e, assim, transições de cores e detalhes podem ser gravados em maior quantidade. Em resoluções baixas, uma imagem pode não conter informações suficientes para converter ou registar detalhes, e é por isso que imagens de baixa resolução geralmente têm áreas pixeladas. Isso geralmente acontece quando a imagem é ampliada, justamente por causa do número fixo de pixels.

É importante levar em conta onde a imagem será utilizada para que se trabalhe com uma resolução apropriada. Os monitores, por exemplo, possuem resolução de 72 dpi, e é por isso que os gráficos da Web são produzidos com baixa resolução. A baixa resolução também os torna mais rápidos de baixar. Os processos de impressão normalmente requerem um mínimo de 300 dpi de resolução, enquanto impressoras de alta definição podem imprimir com qualidade de 1.200 dpi, 2.400 dpi ou mais.

« Significado da imagem   **Tipos de imagem**   Manipulação de imagens »   **Imagem**

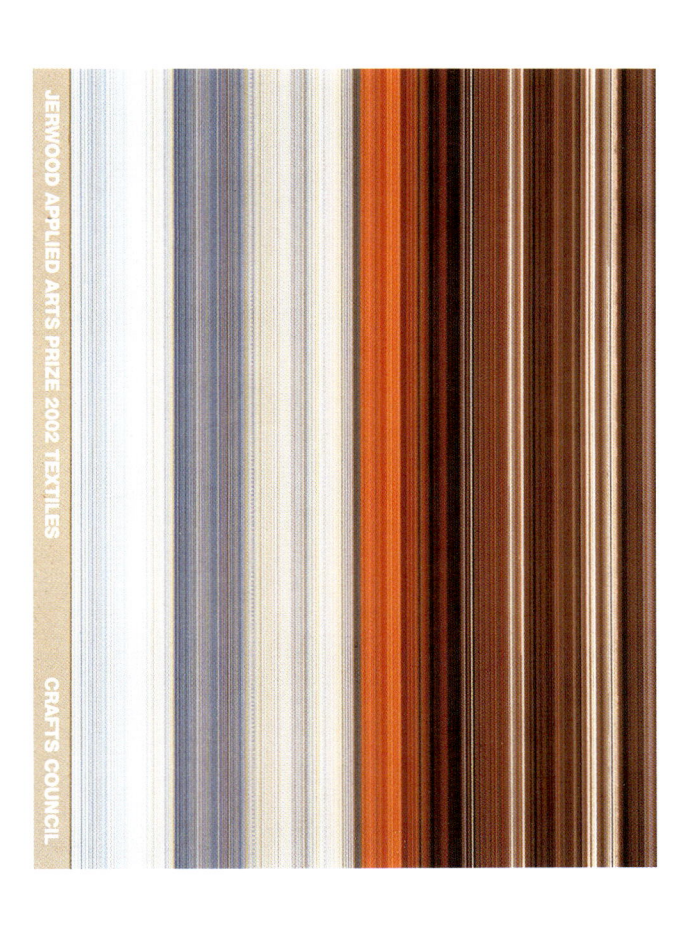

Jerwood Applied Arts ← ↑

Capa do catálogo Jerwood Applied Arts Prize 2002 Textiles. Uma única linha de pixels é alongada para criar uma imagem abstrata. A ambiguidade do elemento gráfico resultante é usada como uma identidade geral para a coleção, em vez de em apenas um trabalho.

Design: NB: Studio

DPI, LPI e PPI

DPI (dots per inch – pontos por polegada) é uma medida que se refere a quantos pontos de tinta uma impressora pode depositar por polegada. Uma resolução de 300 dpi é padrão na indústria de impressão, embora esse valor varie dependendo da qualidade exigida para o trabalho a ser impresso. Trabalhos em formato maior, como outdoors, são impressos em baixa resolução, enquanto revistas de moda são impressas em alta resolução. Deve-se notar que a resolução padrão de tela é de 72 dpi, mesmo para imagens que tenham resoluções mais altas. Isso significa que uma imagem de 300 dpi ainda será exibida em 72 dpi no monitor.

LPI (lines per inch – linhas por polegada) é uma medida que se refere a como as impressoras reproduzem fotografias. As fotografias são reproduzidas como uma séries de pontos de meio-tom de diferentes tamanhos. Quanto maiores os pontos, mais escura a imagem será produzida e vice-versa. Uma impressora utiliza grids de meio-tom para produzir pontos de meio-tom. O grid é dividido em células e o LPI é medido conforme a proximidade dessas células. Valores baixos de LPI significam que existem poucas células e que pontos de meio-tom serão mais evidenciados na imagem impressa.

PPI (pixels per inch – pixels por polegada) é a medida de número de pixels exibida na imagem.

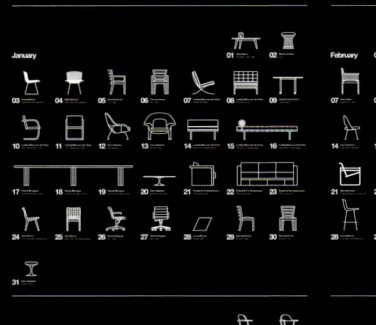

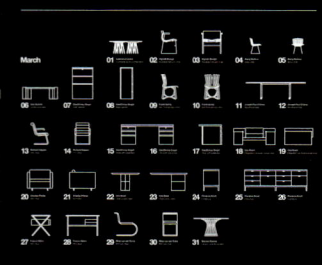

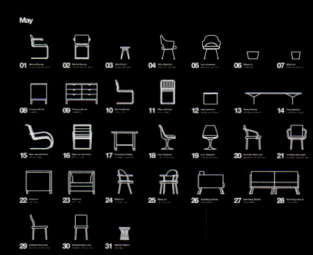

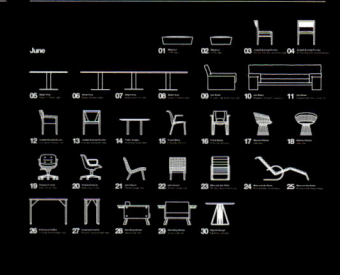

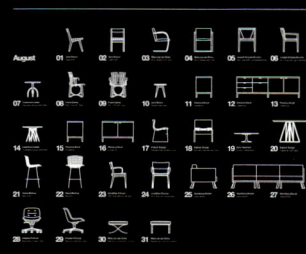

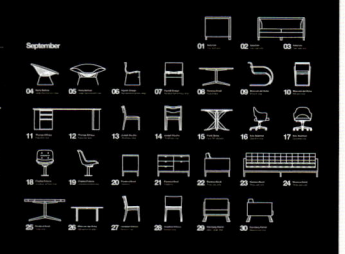

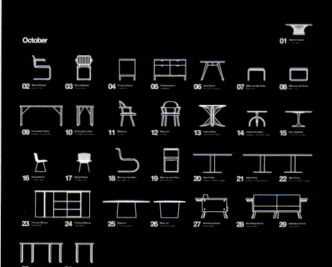

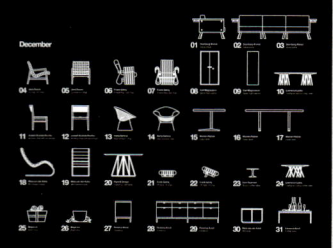

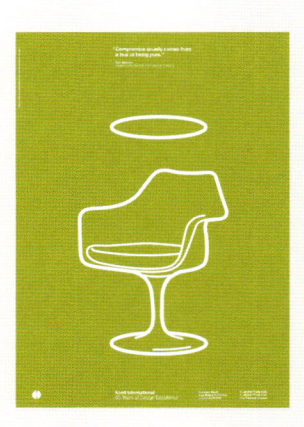

Knoll

Estes pôsteres mostram o uso de imagens a traço produzidas como vetores para mostrar variados e diferentes estilos de cadeira produzidas pela Knoll. A arte a traço disposta contra um fundo colorido simples chamou a atenção dos leitores para as linhas elegantes dos móveis sem a distração de um ambiente decorado. Os vetores podem ser ampliados e isso significa que o design pode ser produzido facilmente em diferentes escalas, como pôsteres ou postais, sem que a imagem sofra qualquer degradação.

Design: NB: Studio

« Significado da imagem   **Tipos de imagem**   Manipulação de imagens »   **Imagem**

Sintetizadores ← ↑

Estes pôsteres inspirados em sintetizadores mostram como eles influenciaram a evolução da música nas últimas décadas. A arte-final dos sintetizadores foi produzida como vetor de modo que possa ser facilmente escalada e ajustada.

Design: Dorian Design

99

manipulação de imagens

As imagens podem ser alteradas de formas diferentes para reformular, contextualizar ou atualizar a informação que contêm. Técnicas como colagem, justaposição ou o uso de efeitos gráficos podem alterar muito a imagem e dar a ela um novo significado.

A maioria das imagens é tirada e armazenada digitalmente, então podem ser sujeitadas a diversas modificações, alterações ou melhorias. Mais elementos gráficos e filtros podem ser aplicados.

Filtros
Sejam parte da lente da câmera ou um ajuste em programas de edição de imagem, os filtros permitem mudanças nas imagens. Os filtros ajustam a informação que uma imagem contém. Eles também podem produzir mudanças sutis, como refinar uma cor ou criar um céu azul opala para uma areia de praia coral. Eles também permitem fazer intervenções gráficas mais fortes, como aplicar brilho de néon ao contorno (Glowing Edges) no filtro utilizado abaixo.

Canais e níveis
Modificar preferências de canais e níveis de uma imagem irá alterar sua cor e brilho. Os exemplos na página ao lado mostram alguns dos diversos tratamentos que podem ser dados para mudar a aparência de uma imagem.

Balanço de cor, brilho e contraste
Os controles de níveis de luminosidade (Levels) de um software de edição de imagens são utilizados para modificar o brilho de uma imagem – quão clara ou escura ela é. O controle curvas (Curves) pode ser utilizado para ajustar o contraste dos tons da imagem. Esses processos podem também ajustar o balanço de cor, e o controle do balanço de cor (Color Balance) permite uma sintonia fina.

Hulton Archive ↓ →

Estas imagens foram produzidas para um catálogo de um banco de imagens para mostrar seu potencial criativo e levar os espectadores para longe do preconceito de que uma empresa apenas fornece fotografia em preto e branco. Cor e técnicas de manipulação de foto são combinadas para criar uma série de imagens impressionantes que indicam algumas possibilidades do uso da cor nas fotografias em preto e branco.

Design: Gavin Ambrose

Imagem original

Níveis e filtros criam resultados impressionantes.

Imagem original

Seções de imagem selecionadas por valor de cor são isoladas e removidas

« Tipos de imagem   **Manipulação de imagens**   O tipo como imagem »   **Imagem**

Imagem original

Versão solarizada

Imagem original

Os níveis da imagem foram ajustados para remover o ruído de fundo, convertidos em bitmap e preenchidos com um degradê colorido

Formas reticuladas sobrepõem-se à imagem original

Imagem de Frida Kahlo foi ajustada para parecer uma pintura

Canais foram removidos do registro para se sobreporem uns aos outros, imitando o efeito 3D

Escala de cinza em meio-tom dando a ilusão de qualidade de imagem de um jornal

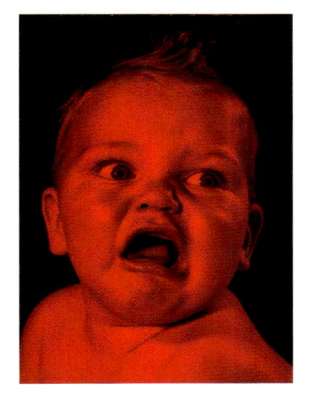

Duotone de vermelho e preto com o valor de vermelho ajustado em 100%

Canais de cor foram removidos do registro para se sobreporem a à camada colorida

Imagem totalmente colorida a meio-tom

Ajuste total dos canais

101

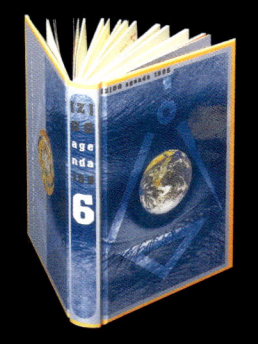

Z[00] Agenda ← ↑

Estas imagens impressionantes foram inspiradas por imagens aleatórias do dia a dia incluindo grafite, impressão, fotos imperfeitas, sinalização, gráficos efêmeros, texturas e arquitetura. Elas foram compostas por elementos individuais que formam blocos visuais rústicos melhorados por elementos desenhados à mão, misturando camadas, filtrando cores e elementos encontrados.

Design: Faydherbe / de Vringer

Colagem ↓

A coleção abaixo é uma colagem de elementos encontrados incluindo amostras de tintas, jornais, embalagens de goma de mascar, fotografias antigas em sépia e elementos fotográficos que foram recortados.

Design: Craig Yamey

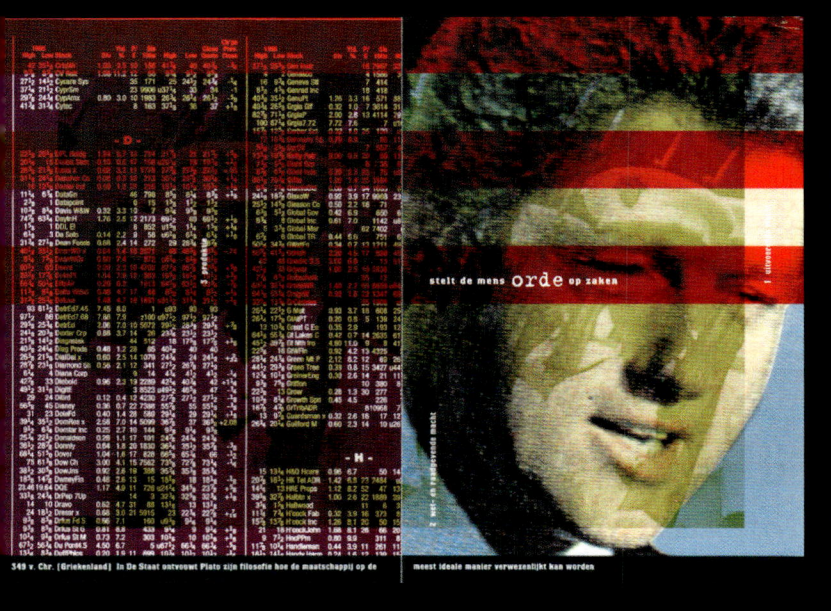

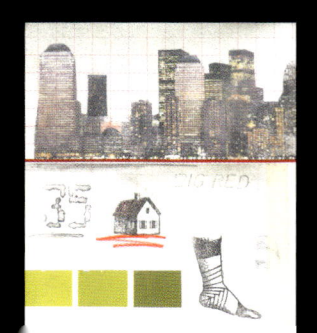

« Tipos de imagem   **Manipulação de imagens**   O tipo como imagem »   Imagem

Nederlands dans theatre ↑ ↗

Estes pôsteres mostram imagens em duotone de bailarinos fotografados em close para capturar o drama e o movimento da dança. A tonalidade das imagens foi reduzida para enriquecer o contraste e destacar o efeito escultural dos corpos. Este alto contraste foi atingido pela remoção de cinza e de tons intermediários, apenas deixando os tons preto e branco.

Design: Faydherbe / de Vringer

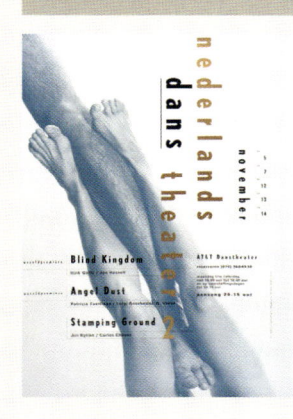

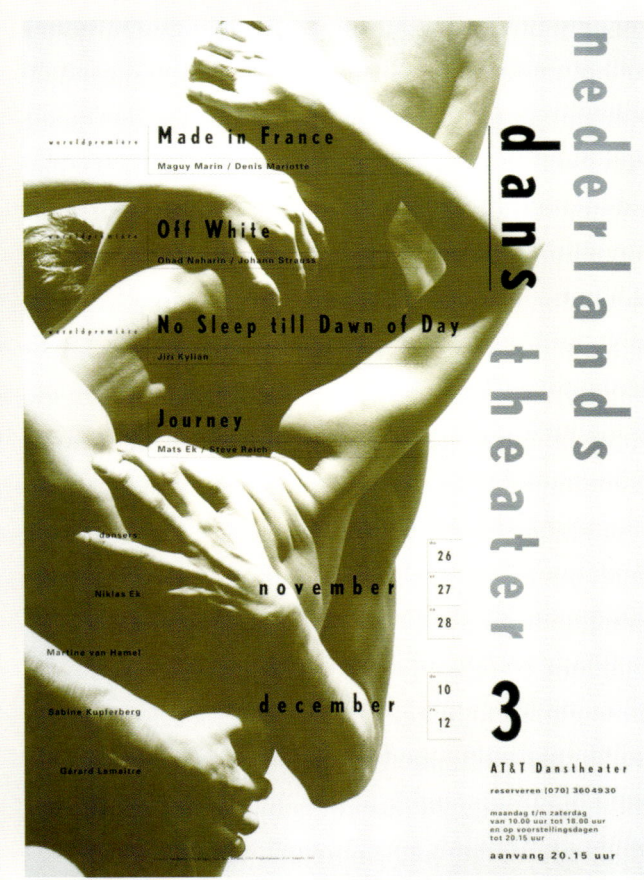

Manipulação de imagens

Antes da existência dos computadores, a manipulação de imagens era uma misteriosa alquimia praticada em câmaras escuras ou com um aerógrafo. A tecnologia transferiu esse papel para o designer gráfico e o equipou com uma variedade de ferramentas de software e efeitos, e o hardware para ativá-las. O único limite é a imaginação do usuário.

Retoque, colorização de fotos, sobreposição de imagens, combinação de elementos — como textura — de uma imagem em outra, recortes, alteração de formas e mesclagem são algumas das possibilidades. Em vez de fornecer uma lista exaustiva das técnicas, os exemplos de manipulação de imagem criativa a seguir darão uma ideia melhor das inúmeras alternativas disponíveis.

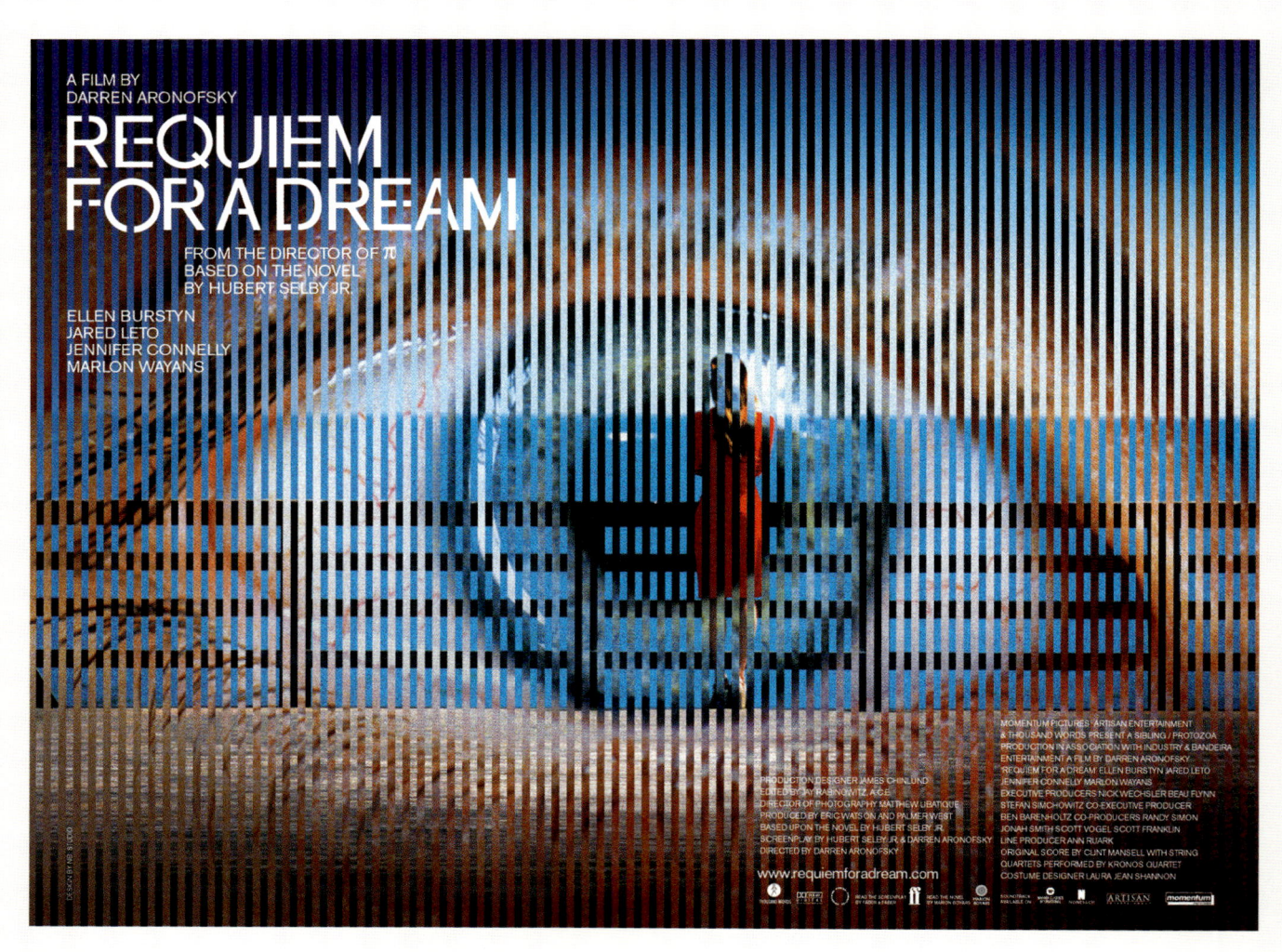

Requiem for a Dream ↑
Fonte e imagem são superpostas e criam um pôster visualmente cativante.
Design: NB: Studio

« Tipos de imagem **Manipulação de imagens** O tipo como imagem »   **Imagem**

Efêmera ↑ ↗ →

Estas imagens foram inspiradas por imagens aleatórias do dia a dia incluindo grafite, impressão, fotos imperfeitas, sinalização, gráficos efêmeros, texturas e arquitetura. Elas foram compostas por elementos individuais que formam blocos visuais rústicos melhorados por elementos desenhados à mão, misturando camadas, filtrando cores e elementos encontrados.

Design: Andy Potts

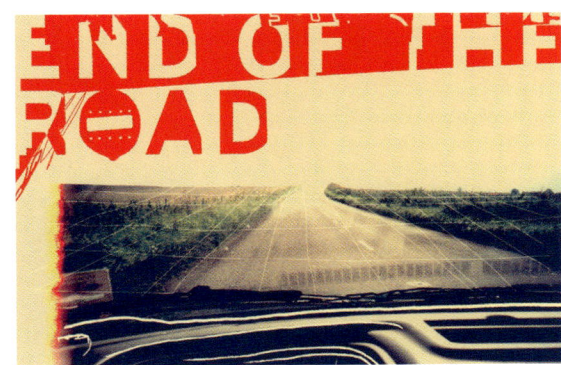

o tipo como imagem

Até agora, discutimos a tipografia principalmente em relação à sua função principal: utilizar letras para comunicar palavras. No entanto, o texto também é utilizado como um símbolo ou ícone que fala mais por meio da sua representação visual do que pelos significados das letras constituintes, embora, naturalmente, o fato de que as letras possam significar algo acrescenta significado à imagem. Os logos são um exemplo comum disso. Como associamos um logo a uma empresa? Pela imagem que cria ou pelas letras que o compõem?

Joe Kerr ↑

O cartão de visitas para o historiador arquitetural Joe Kerr transformou um grafite comum em um poste em uma peça engraçada, irreverente e com uma identidade singular. O projeto funciona pela simples razão de que o cartão de visitas é para alguém chamado Joe (obviamente, ele não grafitou o poste apenas para tirar a foto).

Design: Studio Myerscough

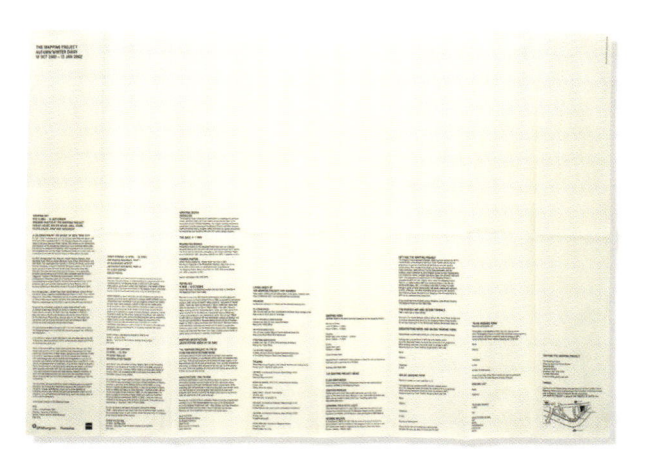

4th Estate ←

O estúdio Frost Design buscou a simplicidade (à esquerda) no projeto para o catálogo da editora 4th Estate. O uso da tipografia é preterido em favor de um texto escrito à mão, mais natural e simples. A sigla do nome da cidade de Nova York, em um tamanho grande, provoca por si só grande impacto. A falta de informações em um dos lados do pôster é balanceada no lado oposto, nas colunas de texto que lembram os arranha-céus de Nova York.

Design: Frost Design

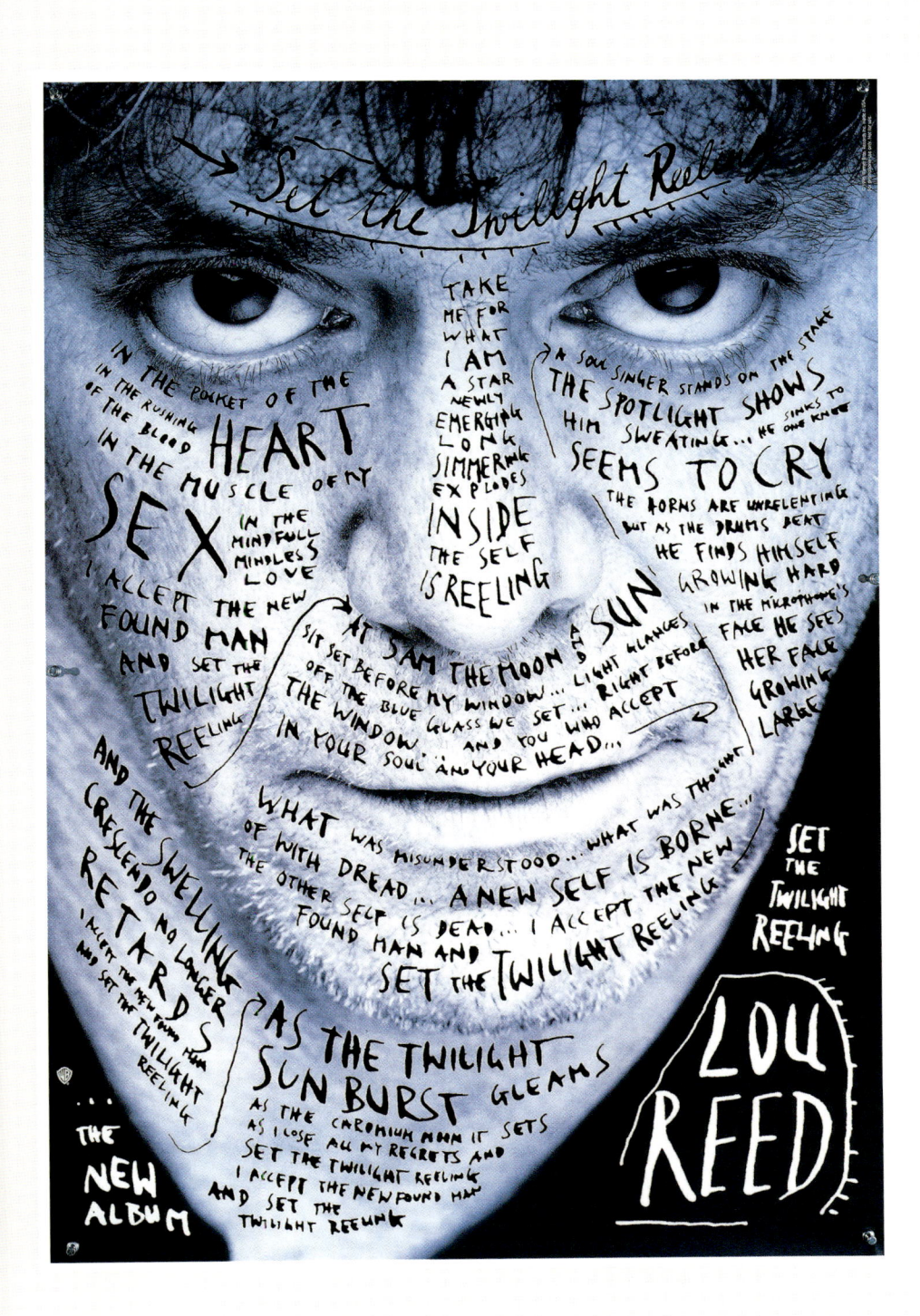

« Manipulação de imagens **O tipo como imagem** Camadas »   **Imagem**

Lou Reed ←

As músicas do álbum *Set the Twilight Reeling*, de Lou Reed, têm letras extremamente pessoais. Com base nisso, o estúdio nova-iorquino Sagmeister Inc. criou o design da capa do álbum escrevendo as letras das músicas sobre o rosto do cantor. O texto escrito à mão, ajustado aos contornos do rosto, causa uma sensação de intimidade e parece uma tatuagem; desse modo, Lou Reed revela sua alma tanto no visual quanto na música.

Design: Sagmeister Inc

Build ← ↑

Estes designs de Michael C. Place, fundador da Build, combinam simplicidade e complexidade para explorar o meio do design. Os designs utilizam elementos do texto, cor e imagem organizadas de forma não tradicional para criar diversas camadas de informação que interagem de forma intrigante, o que traz o espectador para o design.

Design: Build

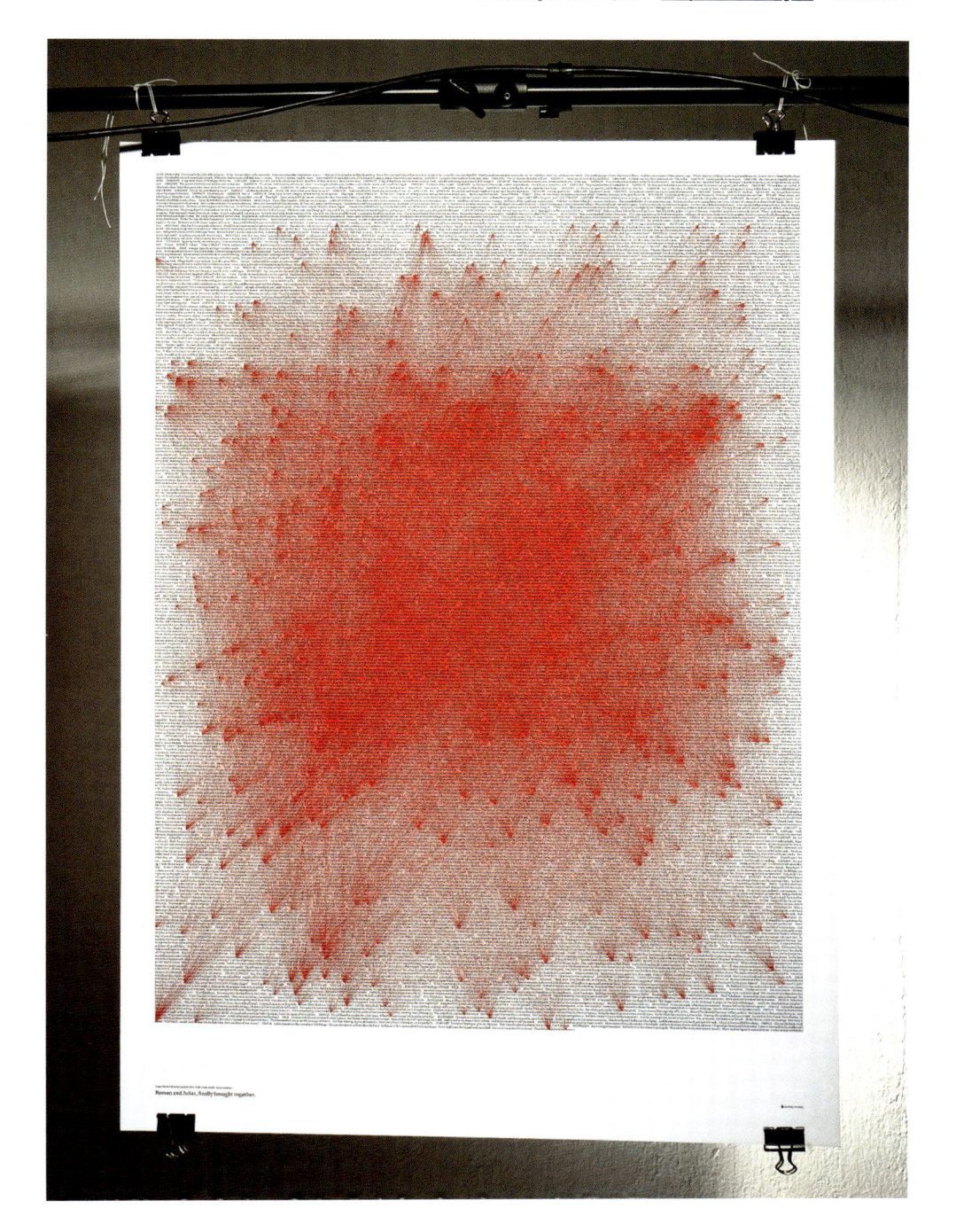

« Manipulação de imagens   **O tipo como imagem**   Camadas »   **Imagem**

Romeo and Juliet ↑ ←

Este pôster de formato grande mostra trechos da peça Romeu e Julieta, de Shakespeare, no qual a palavra "Juliet" aparece 180 vezes e a palavra "Romeo" aparece 308 vezes. O casal finalmente se une em 55.440 linhas vermelhas. O formato grande permite que o designer inclua todo o texto em um único fólio.

Design: Beetroot

camadas

As imagens podem ser criadas com diferentes e variadas camadas em que cada uma contém um elemento específico de informação. Juntos, eles formam a imagem final. O uso de camadas para separar diferentes partes de uma imagem permite a fácil manipulação de cada informação, independente das outras camadas.

Utilizando camadas
As camadas permitem que o designer mantenha a ordem ao manipular diferentes partes de uma imagem. Cada tipo de manipulação deve ocorrer em uma nova camada. O software de manipulação de imagem contém diferentes coberturas para produzir diferentes efeitos de imagem.

Imagens compostas
Utilizar camadas gera como resultado um arquivo pesado. Quando a imagem está finalizada, uma fusão é produzida e se torna apenas uma camada, com um arquivo de tamanho menor, mais fácil de usar e de compartilhar. A imagem original gerada será em arquivo PSD, enquanto a fusão será um arquivo JPEG.

Botanica ←
Este logo utiliza uma forma simples de separação em camadas. Camadas diferentes de folhas são utilizadas, uma sobre a outra, com a transparência que permite que as folhas nas camadas inferiores sejam vistas através das camadas de cima. O padrão total é construído com cerca de 70 imagens separadas.
Design: Gavin Ambrose / Adrian Sharman

« O tipo como imagem   **Camadas**   Justaposição / Símbolos e ícones »   **Imagem**

Camadas de ajuste

As camadas de ajuste permitem que diferentes imagens originais sejam combinadas em apenas uma imagem final.

Imagens originais
Duas imagens em bitmaps originais são selecionadas para serem combinadas em um efeito gráfico. O ajuste de camadas preserva a integridade de cada imagem original.

Combinação de imagens
A quantidade de cada imagem que aparece na imagem final pode ser controlada de forma que cada uma seja tão clara e reconhecível quanto necessário.

Combinação de imagens e efeitos
Neste caso, um "mapa de gradação" (Gradient Map) foi aplicado para um efeito gráfico.

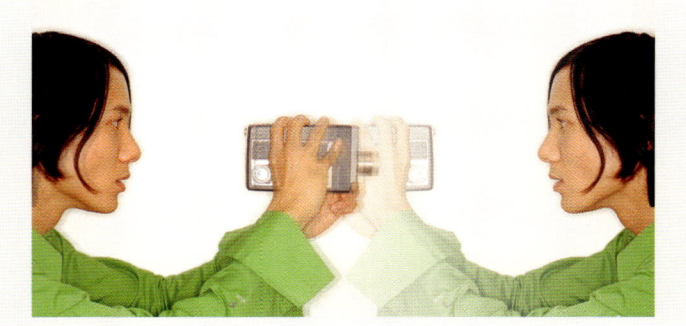

Imagens de camadas sobrepostas
Uma imagem original pode ser utilizada diversas vezes na imagem final. Aqui, ela foi invertida em uma nova camada para criar uma imagem espelhada.

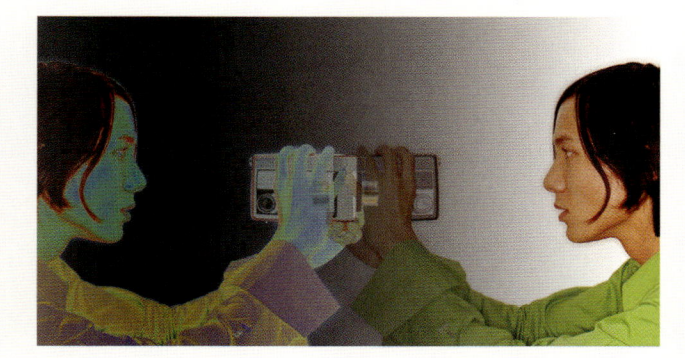

Aplicação de filtros
Filtros diferentes podem ser aplicados para modificar uma imagem. Aqui, um filtro de superexposição (Solarize) foi utilizado.

*The Forest Stewardship Council (FSC) is an independent, non-governmental, not-for-profit organisation established to promote the responsible management of the world's forests. FSC certified forests — covering over 100 million hectares in 79 different countries — are managed to ensure long term timber supplies while protecting the environment and the lives of forest-dependent peoples. FSC accreditation is awarded to manufacturers and other users of timber-based products who demonstrate a Chain of Custody that tracks responsible use right through the supply chain to the consumer.

Intro   As an FSC* accredited printer, Team is committed to promoting the use of FSC/recycled paper and board. In line with this commitment, Team have assembled a special collection of FSC/recycled stocks available in a range of weights and finishes to cover most everyday printing requirements. These gloss, silk and uncoated stocks are offered as standard on all appropriate projects unless other branded papers are specified by the client.

This book brings together samples of all these papers and provides a useful reference guide for specifiers in selecting the most appropriate finish and weight for each project. Their quality and performance stands comparison with any other paper and because they are used by Team as standard stocks, there is virtually no cost implication against non-FSC certified paper.

Use of these papers gives added environmental credibility to the communication itself. As an FSC accredited printer using FSC certified paper, work produced by Team has the opportunity to carry a logo confirming its environmental integrity (positional logo artwork available from Team upon request). This is an important asset for all clients whose environmental policies embrace both their own communications and the activities of their suppliers.

Materiais de impressão   ↑   →

Esta brochura promocional para a abertura da empresa especialista em impressão, Team, utiliza uma série de degradês delicados e blocos de cor. O conteúdo da brochura está focado no impacto ambiental da impressão, e traz exemplos das capacidades de impressão dos papéis reciclados com certificados FSC. O Forest Stewardship Council promove a administração sustentável das florestas para uso em impressões e embalagens.

Design: Design Project

« O tipo como imagem   **Camadas**   Justaposição / Símbolos e ícones »   **Imagem**

113

Justaposição / Símbolos e ícones

Exercício 1 – Justaposição

Premissa
As imagens podem ser comunicadores poderosos por causa dos significados denotativo e conotativo que contêm.

Exercício
Selecione uma imagem ou fotografia e a justaponha com outras imagens para ver como significados conotativos e denotativos diferentes podem ser criados.

Resultado
Produza uma visualização de suas descobertas que identifique os diferentes significados encontrados com a justaposição de imagens secundárias diferentes.

Objetivo
Motivar uma apreciação mais cuidadosa do uso de imagem no design que vá além daquilo que é óbvio e notável.

Relacionamentos ↓

A disposição de imagens muito próximas estabelece uma relação entre elas, o que pode ser mais ou menos óbvia, baseando-se em uma ligação profunda ou em algo mais superficial. A conexão entre as imagens abaixo, por exemplo, pode estar no fato de que os dois sujeitos estão de boca aberta.

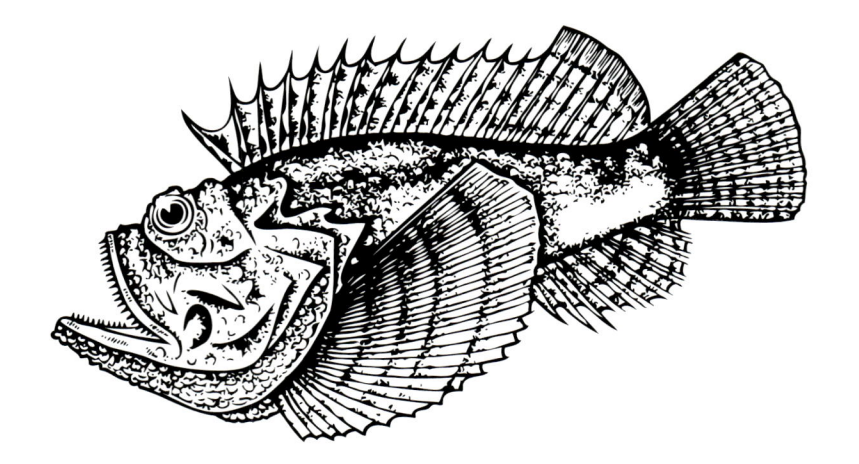

« Camadas   **Justaposição / Símbolos e ícones**   Imagem

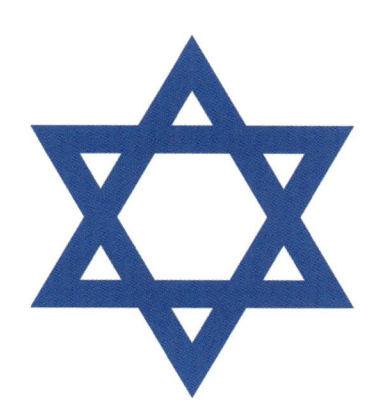

Exercício 2 – Símbolos e ícones

Premissa
Símbolos e ícones oferecem um atalho visual que resulta em uma comunicação rápida e no entendimento de um pedaço de informação.

Exercício
Encontre fotografias que transmitam três ideias ou conceitos diferentes e nelas identifique os elementos comunicativos fundamentais dessas ideias ou conceitos. Utilize os elementos identificados como matéria-prima para produzir três ícones ou símbolos diferentes que representem cada ideia ou conceito. Considere como o uso da cor poderá ou não ajudá-lo nessa construção.

Resultado
Produza uma visualização que mostre suas imagens de base com os ícones e símbolos criados por você; considere sua adequação e rapidez ao comunicar a ideia ou conceito da imagem de base.

Objetivo
Motivar uma apreciação mais cuidadosa do poder de ícones e símbolos, e compreender como o processo de redução permite voltar à essência visual de uma ideia ou conceito.

Símbolos ↑
Símbolos e ícones são dispositivos gráficos que comunicam elementos essenciais com precisão.

TATE BRITAIN

DAYS LIKE THESE

Tate Triennial
Exhibition of
Contemporary
British Art 2003

Admission free
26 February – 26 May

Tate Britain
London SW1
⊖ Pimlico
www.tate.org.uk

« Imagem   **Cor**   Acabamento de impressão »   **Cor**

Cor

A **cor** se tornou um recurso permanente no campo da comunicação visual desde que a impressão em quadricromia tornou-se predominante em revistas e jornais. A cor acrescenta dinamismo a um design, atrai a atenção e pode produzir reações emocionais. Ela também pode facilitar a organização dos elementos em uma página – dividindo elementos em zonas ou agrupando itens semelhantes, codificando certos tipos de informações e auxiliando o receptor a encontrar as informações que deseja.

Com a cor livremente disponível, a disciplina em seu uso é necessária para que designs sejam convincentes e legíveis. O uso da cor deve enriquecer a capacidade de um design de comunicar, conferindo-lhe hierarquia e ritmo.

Days like these ←

Este pôster muito colorido utiliza linhas de cor vibrantes e que chamam a atenção. Ele dá continuidade a uma tradição de pôsteres inspirados no mapa icônico do metrô londrino elaborado por Harry Beck.

Design: NB: Studio

entendendo as cores

A cor é um comunicador poderoso porque apresenta diversos significados codificados, enquanto confere certo dinamismo ao design. A cor pode representar diferentes estados emocionais ou humores e ser utilizada para obter reações emotivas específicas do receptor. Também pode referir a categorias específicas de produtos ou de conceitos. É importante notar que os significados da cor são culturalmente específicos e que variam de país a país e entre culturas — como podemos ver na página ao lado.

Menino

Menina

Nas culturas ocidentais, tons pastel do azul e rosa são associados aos recém-nascidos; azul a meninos e rosa a meninas. Esse esquema é especialmente utilizado para roupas, pois as cores ajudam a identificar o sexo da criança.

Essa associação é tão forte que, quando as cores e os sexos são trocados, há um rompimento cognitivo e algo parece esquisito, errado ou mesmo inaceitável. Podemos esperar uma reação semelhante em outras culturas e partes do mundo se as respectivas associações de uso das cores não forem consideradas.

A capacidade das cores de fornecer comunicação e reconhecimento instantâneos desempenha um papel essencial na identificação de marcas e não apenas para produtos, como essas duas fotos ilustram. A cidade de Nova York é conhecida como a Big Apple, mas os táxis amarelos são um símbolo onipresente e facilmente reconhecível da cidade.

Londres também tem seus táxis pretos, mas talvez um símbolo mais reconhecível da cidade seja a cabine telefônica vermelha. O poder dessa associação simbólica é comprovado pelo fato de que ela continua a ser feita, mesmo que a maioria das cabines tenha sido retirada e substituída há vários anos.

Azul Cor sagrada na religião judaica	**Vermelho** Na China, usado em atividades que vão de casamentos a funerais, uma vez que representa celebração e sorte	**Laranja** Utilizado para representar o dia das bruxas nos Estados Unidos	**Azul** Os chineses associam o azul à imortalidade	**Marrom** Na Colômbia, esta é uma cor que desestimula as vendas
Marrom A cor do luto na Índia	**Roxo** A cor da nobreza nas culturas europeias	**Preto** Utilizada para luto nas culturas ocidentais, associada à morte, mas também extremamente elegante e estilosa	**Verde** Utilizada em um chapéu, indica que uma esposa está sendo infiel na China	**Branco** A cor da pureza nas culturas ocidentais, utilizada para vestidos de noiva
Amarelo Representa felicidade e alegria no Ocidente	**Azul** Associada à proteção no Oriente Médio, representa "segurança" em todo o mundo	**Amarelo** Cor sagrada e imperial em muitas culturas asiáticas	**Branco** Cor de luto nas culturas orientais. Também simboliza a morte	**Vermelho** Quando utilizada com a cor branca nas culturas orientais, significa alegria
Cinza Cor simbólica da ausência de amor e solidão nas sociedades ocidentais	**Azul** Sagrada para a religião Hindu, pois é a cor de Krishna	**Açafrão** Cor sagrada da religião Hindu	**Laranja** Associada à religião protestante na Irlanda	**Verde** Tem conotações negativas na França e é uma má escolha para embalagens
Branco Associada à morte no Japão, principalmente em cravos brancos	**Verde** Muito importante nos países muçulmanos, pois é a cor do Islã	**Vermelho** Pode significar parar ou perigo nas culturas ocidentais e também está associada ao dia dos namorados e ao Natal	**Azul** Associada a sabonetes na Colômbia	**Vermelho** Utilizada para vestidos de noiva na Índia, uma vez que é a cor da pureza

Zumtobel AG ↓ ↑

Como demonstrar luz em um livro impresso? Este relatório anual de uma empresa de energia elétrica tem uma parte externa tridimensional formada a vácuo (mostrado abaixo, à esquerda). A capa foi fotografada em diferentes condições de iluminação, demonstrando o efeito impressionante que a luz pode criar. Note como a imagem parece diferente fundida com a luz laranja quente quando comparada ao efeito gráfico, quase metálico atingido na parte inferior à direita. Este dispositivo simples mostra como uma abordagem criativa a um problema de design pode produzir efeitos sensacionais.

Entendendo as cores   Terminologia básica »   Cor

STOP ↙ ↓

Esta instalação fez parte da exibição da STOP – Instruções, Diretrizes e Outros Casos, na Galerija Nova, Belgrado. A exibição aborda a influência da comunicação de massa nos indivíduos e suas percepções de vida no mundo contemporâneo. As peças utilizam uma linguagem visual de comando, de instruções, de sátira gráfica e humor. As obras retratadas fazem uso de cor fria e calma (ciano-azul) que unifica as instruções.

Design: Slavimir Stojanovic Communis DDB

121

terminologia básica

Utilizar e comunicar com cores de modo eficiente requer a compreensão da terminologia das cores. As tabelas a seguir explicam a terminologia básica como é utilizada pelos designers, fotógrafos, artistas, impressores e outros profissionais para comunicar as ideias de cor.

Cores primárias
As cores primárias são aquelas que podem ser combinadas para produzir uma gama de cores. A reprodução da cor se baseia no princípio da visão tricromática do olho humano, que contém receptores que são sensíveis a cada uma das cores primárias aditivas da luz: vermelho, verde e azul. Os designers também precisam estar familiarizados com as cores primárias subtrativas — ciano, magenta e amarelo — utilizadas para reproduzir as cores primárias aditivas em um processo de impressão em quatro cores.

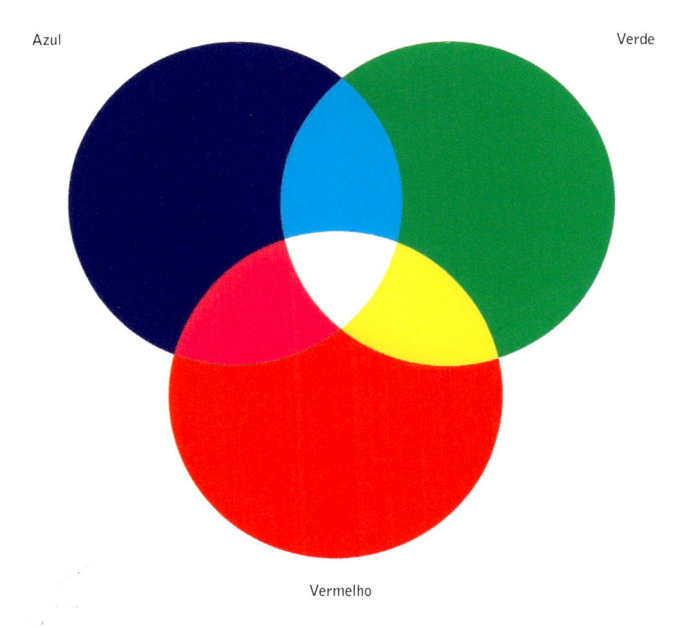

Primárias aditivas
A luz branca é feita de vermelho, verde e azul claro — as primárias aditivas. Quando apenas duas das cores primárias aditivas são combinadas, elas criam uma das cores subtrativas primárias.

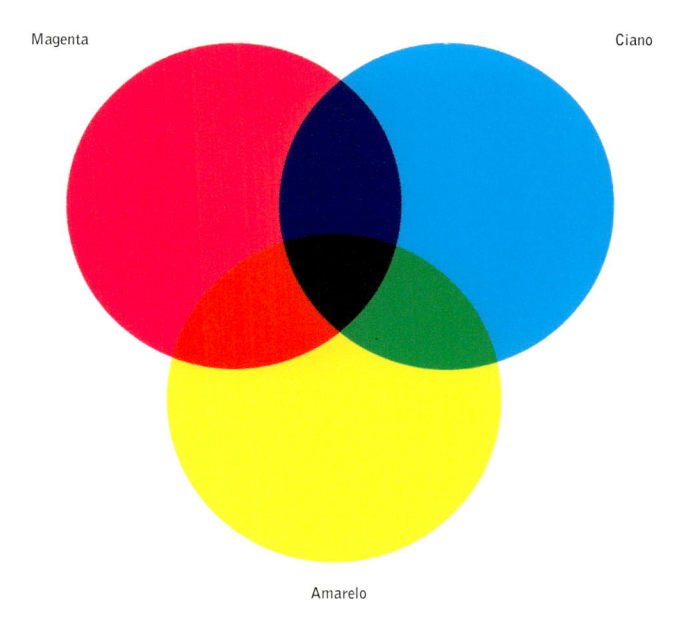

Primárias subtrativas
As primárias subtrativas funcionam da mesma forma, pois quando duas são combinadas formam uma aditiva primária; quando todas são combinadas, geram o preto. Essas são as primárias utilizadas no processo de impressão em quatro cores para reproduzir as primárias aditivas.

« Entendendo as cores   **Terminologia básica**   Cores especiais ou sólidas »   Cor

Cores secundárias

Uma cor secundária é produzida a partir de quaisquer duas cores primárias utilizadas em proporções iguais. No espaço das cores subtrativas, as cores secundárias são o vermelho, o verde e o azul (as aditivas primárias).

Como exemplo, as aditivas primárias azul e vermelho produzem a subtrativa primária magenta.

Da mesma forma, as subtrativas primárias ciano e magenta produzem a aditiva primária azul.

Cores terciárias

As cores terciárias têm misturas ou intensidades iguais às das cores primárias e cores secundárias adjacentes na roda das cores. Elas são equivalentes à mistura de duas cores primárias nas proporções 2:1 e 1:2. Essa relação resulta em um matiz forte e é normal na mistura de tintas de impressão. Existem seis cores terciárias: vermelho-alaranjado, amarelo-alaranjado, amarelo-esverdeado, azul-esverdeado, azul-violeta e vermelho-violeta.

A cor primária amarelo e a secundária verde-escuro se combinam para gerar a terciária verde-claro.

A cor secundária ciano e a secundária verde-escuro se combinam para formar a terciária azul-esverdeado.

Assimilação de cor

As cores primária, secundária e terciária podem ser misturadas no processo de impressão em quatro cores para produzir uma gama ampla ou variada de cores, conforme mostramos nas tiras abaixo. As subtrativas primárias – ciano, magenta e amarelo – são utilizadas em porcentagens diferentes para reproduzir ou assimilar as primárias aditivas (meio) e as terciárias (direita).

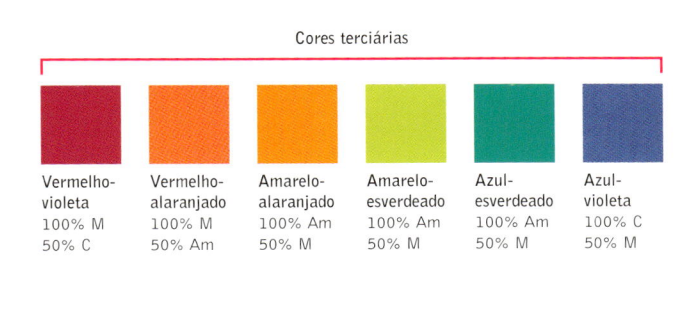

Primárias subtrativas

Ciano
100% C

Magenta
100% M

Amarelo
100% Am

Primárias aditivas

Verde
100% C
100% Am

Azul
100% C
100% M

Vermelho
100% M
100% Am

Cores terciárias

Vermelho-violeta
100% M
50% C

Vermelho-alaranjado
100% M
50% Am

Amarelo-alaranjado
100% Am
50% M

Amarelo-esverdeado
100% Am
50% M

Azul-esverdeado
100% Am
50% C

Azul-violeta
100% C
50% M

Controlando matiz, brilho e saturação

O designer pode controlar e mudar o matiz, o brilho e a saturação de uma imagem para alterar e melhorar sua aparência, de forma que seja bem reproduzida no processo de impressão ou quando for projetada em tela. O diagrama na página seguinte mostra os resultados de diferentes combinações de matiz e saturação para a imagem central com um nível de brilho médio.

Como o matiz se refere às cores reais da imagem, mudar o valor do matiz altera de modo significativo as cores da imagem.

matiz mínimo → **matiz máximo**

Matiz (ou cor)

O matiz é a cor verdadeira de uma imagem ou objeto. Verde, vermelho, vinho e prata são todos matizes. Alterar o matiz muda a cor de um elemento do design, mas mantém a saturação e o brilho em seus níveis originais.

Ajustar o nível de brilho altera a quantidade de luz utilizada para produzir as cores. Quanto mais luz é utilizada, mais brilhante será a cor.

valor mínimo → **valor máximo**

Valor (ou brilho)

O valor se refere à intensidade ou ao brilho de um matiz. O valor pode ser alterado pela mistura do matiz com diferentes quantidades de preto e de branco. A gradação acima tem um matiz constante (preto) mas se altera em valor da mistura com branco (esquerda) para a mistura com preto (direita). O matiz e a saturação não se alteram, mas a imagem parece desbotada ou mascarada com níveis altos ou baixos de brilho.

Ajustar a saturação afeta a intensidade com que as cores são exibidas. Uma imagem totalmente saturada contém valores máximos de cor e pode parecer hiper-real. Uma imagem dessaturada parecerá cinza, uma vez que a intensidade das cores foi reduzida.

saturação mínima → **saturação máxima**

Saturação (ou croma)

A saturação se refere à pureza cromática de uma cor e à quantidade de cinza que ela contém. Com croma máximo (ou saturação máxima) a cor não contém cinza. Tais cores são descritas como intensas, brilhantes, ricas e completas. Com baixos níveis de saturação, as cores contêm quantidades aumentadas de cinza, o que resulta em cores suaves, pálidas e sem brilho.

« Entendendo as cores   **Terminologia básica**   Cores especiais ou sólidas »   **Cor**

matiz mínimo e saturação máxima

matiz máximo e saturação máxima

saturação aumentada

matiz diminuído

matiz aumentado

saturação diminuída

matiz mínimo e saturação mínima

matiz máximo e saturação mínima

125

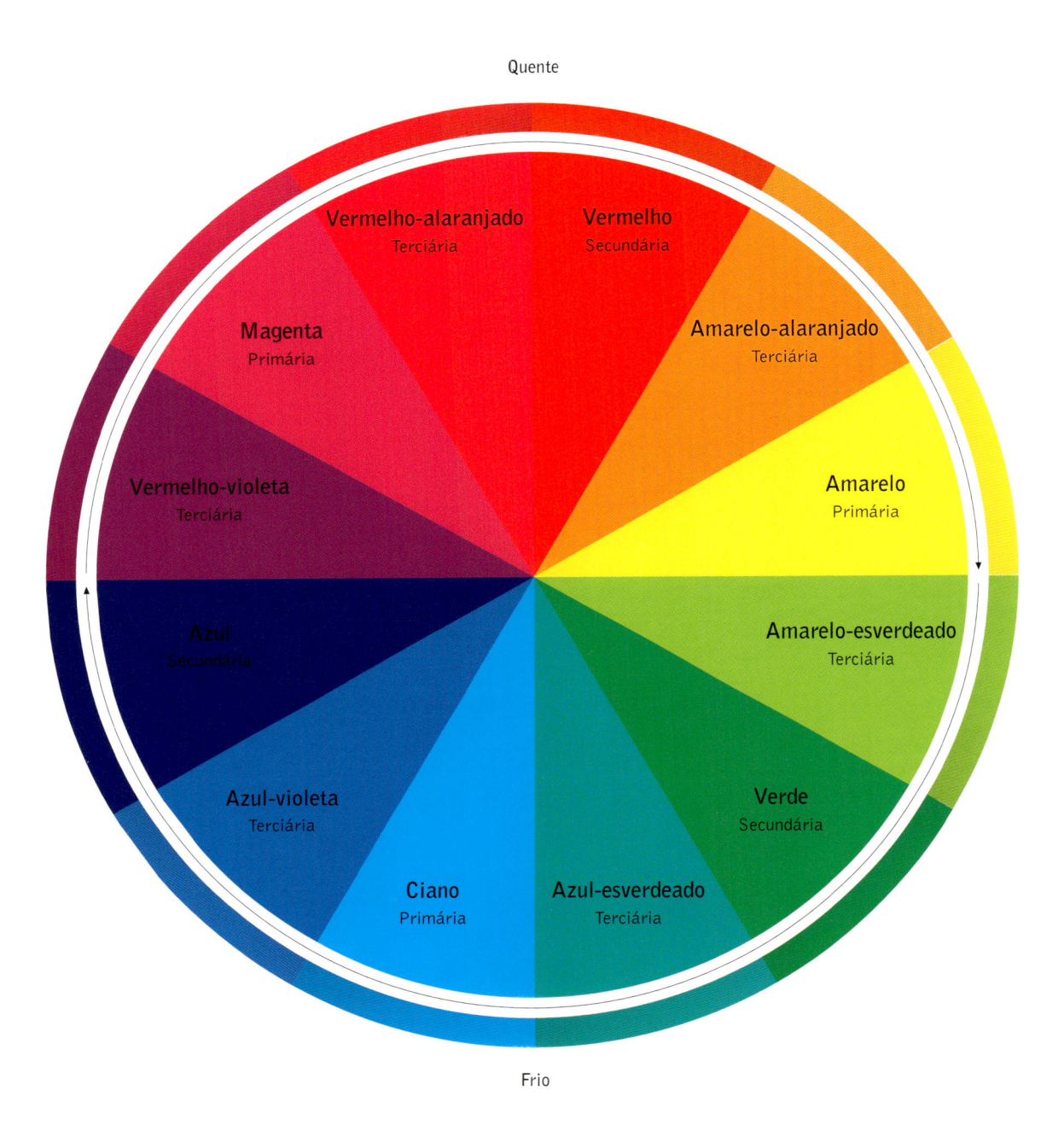

O círculo cromático
O círculo cromático, ou roda de cores, é uma ferramenta que designers utilizam como guia-base para a seleção de esquemas de cores. O círculo é o espectro de cores organizadas em uma roda que explica visualmente a teoria das cores; por exemplo, como as cores primárias podem interagir para criar as cores secundárias e as cores terciárias. As cores podem ser descritas como quentes e frias. Existem associações profundas com as cores vermelho, laranja e amarelo, que nos lembram o fogo, o sol e o calor; tonalidades mais frias nos lembram a água, a natureza (terra e folhagens), o mar e o céu à noite.

« Entendendo as cores   **Terminologia básica**   Cores especiais ou sólidas »   **Cor**

Combinações da roda de cores

A roda de cores pode ser utilizada para criar uma paleta harmoniosa para um design por meio da seleção de combinações de cor que funcionem bem juntas. Diversos métodos podem ser utilizados para selecionar uma paleta de cores, dependendo do número de cores necessárias, conforme mostrado abaixo.

Monocronia
Corresponde a uma cor da roda de cores.

Cores complementares
Complementares ou contrastantes são aquelas em posições opostas na roda de cores. As cores complementares possuem um contraste forte, o que resulta em um design mais vibrante.

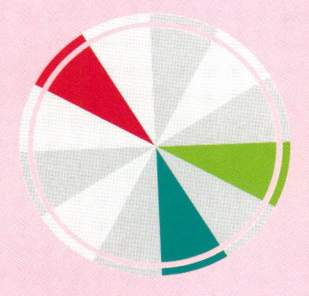

Cores complementares divididas
São cores formadas por três outras cores. As divididas são as duas cores adjacentes à cor complementar daquela que você selecionou como principal.

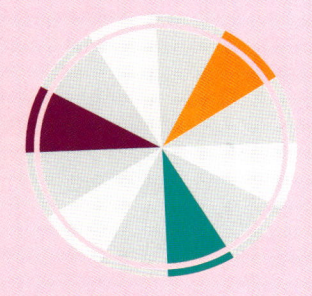

Tríade
Cores em tríade são quaisquer três cores equidistantes na roda de cores. Como as três contrastam, o esquema de cor tríade fornece a tensão ao espectador. Os espaços de cor primária e secundária são tríades.

Cores análogas
São as duas cores postas de cada lado da cor escolhida, ou seja, quaisquer três cores consecutivas de um segmento de cores na roda de cores. Esquemas de cores análogas fornecem uma mistura harmoniosa e natural de cores.

Complementares mútuas
São conjuntos de cores compostos de uma tríade de cores equidistantes e a cor complementar central.

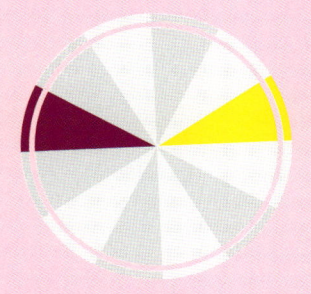

Cor complementar próxima
É aquela adjacente à cor complementar da cor principal.

Cor complementar dupla
São aquelas duas cores adjacentes e seus dois complementos localizados no lado oposto da roda de cores.

Nome	Cód. Hex RGB	Cód. Dec.
IndianRed	CD 5C 5C	205 92 92
LightCoral	F0 80 80	240 128 128
Salmon	FA 80 72	250 128 114
DarkSalmon	E9 96 7A	233 150 122
LightSalmon	FF A0 7A	255 160 122
Crimson	DC 14 3C	220 20 60
Red	FF 00 00	255 0 0
FireBrick	B2 22 22	178 34 34
DarkRed	8B 00 00	139 0 0
Pink	FF C0 CB	255 192 203
LightPink	FF B6 C1	255 182 193
HotPink	FF 69 B4	255 105 180
DeepPink	FF 14 93	255 20 147
MediumVioletRed	C7 15 85	199 21 133
PaleVioletRed	DB 70 93	219 112 147
LightSalmon	FF A0 7A	255 160 122
Coral	FF 7F 50	255 127 80
Tomato	FF 63 47	255 99 71
OrangeRed	FF 45 00	255 69 0
DarkOrange	FF 8C 00	255 140 0
Orange	FF A5 00	255 165 0
Gold	FF D7 00	255 215 0
Yellow	FF FF 00	255 255 0
LightYellow	FF FF E0	255 255 224
LemonChiffon	FF FA CD	255 250 205
LightGoldenrodYellow	FA FA D2	250 250 210
PapayaWhip	FF EF D5	255 239 213
Moccasin	FF E4 B5	255 228 181
PeachPuff	FF DA B9	255 218 185
PaleGoldenrod	EE E8 AA	238 232 170
Khaki	F0 E6 8C	240 230 140
DarkKhaki	BD B7 6B	189 183 107
Lavender	E6 E6 FA	230 230 250
Thistle	D8 BF D8	216 191 216
Plum	DD A0 DD	221 160 221
Violet	EE 82 EE	238 130 238
Orchid	DA 70 D6	218 112 214
Fuchsia	FF 00 FF	255 0 255
Magenta	FF 00 FF	255 0 255
MediumOrchid	BA 55 D3	186 85 211
MediumPurple	93 70 DB	147 112 219
Amethyst	99 66 CC	153 102 204
BlueViolet	8A 2B E2	138 43 226
DarkViolet	94 00 D3	148 0 211
DarkOrchid	99 32 CC	153 50 204
DarkMagenta	8B 00 8B	139 0 139
Purple	80 00 80	128 0 128
Indigo	4B 00 82	75 0 130
SlateBlue	6A 5A CD	106 90 205
DarkSlateBlue	48 3D 8B	72 61 139
MediumSlateBlue	7B 68 EE	123 104 238
GreenYellow	AD FF 2F	173 255 47
Chartreuse	7F FF 00	127 255 0
LawnGreen	7C FC 00	124 252 0
Lime	00 FF 00	0 255 0
LimeGreen	32 CD 32	50 205 50
PaleGreen	98 FB 98	152 251 152
LightGreen	90 EE 90	144 238 144
MediumSpringGreen	00 FA 9A	0 250 154
SpringGreen	00 FF 7F	0 255 127
MediumSeaGreen	3C B3 71	60 179 113
SeaGreen	2E 8B 57	46 139 87
ForestGreen	22 8B 22	34 139 34
Green	00 80 00	0 128 0
DarkGreen	00 64 00	0 100 0
YellowGreen	9A CD 32	154 205 50
OliveDrab	6B 8E 23	107 142 35
Olive	80 80 00	128 128 0
DarkOliveGreen	55 6B 2F	85 107 47
MediumAquamarine	66 CD AA	102 205 170
DarkSeaGreen	8F BC 8F	143 188 143
LightSeaGreen	20 B2 AA	32 178 170
DarkCyan	00 8B 8B	0 139 139
Teal	00 80 80	0 128 128
Aqua	00 FF FF	0 255 255
Cyan	00 FF FF	0 255 255
LightCyan	E0 FF FF	224 255 255
PaleTurquoise	AF EE EE	175 238 238
Aquamarine	7F FF D4	127 255 212
Turquoise	40 E0 D0	64 224 208
MediumTurquoise	48 D1 CC	72 209 204
DarkTurquoise	00 CE D1	0 206 209
CadetBlue	5F 9E A0	95 158 160
SteelBlue	46 82 B4	70 130 180
LightSteelBlue	B0 C4 DE	176 196 222
PowderBlue	B0 E0 E6	176 224 230
LightBlue	AD D8 E6	173 216 230
SkyBlue	87 CE EB	135 206 235
LightSkyBlue	87 CE FA	135 206 250
DeepSkyBlue	00 BF FF	0 191 255
DodgerBlue	1E 90 FF	30 144 255
CornflowerBlue	64 95 ED	100 149 237
MediumSlateBlue	7B 68 EE	123 104 238
RoyalBlue	41 69 E1	65 105 225
Blue	00 00 FF	0 0 255
MediumBlue	00 00 CD	0 0 205
DarkBlue	00 00 8B	0 0 139
Navy	00 00 80	0 0 128
MidnightBlue	19 19 70	25 25 112
Cornsilk	FF F8 DC	255 248 220
BlanchedAlmond	FF EB CD	255 235 205
Bisque	FF E4 C4	255 228 196
NavajoWhite	FF DE AD	255 222 173
Wheat	F5 DE B3	245 222 179
BurlyWood	DE B8 87	222 184 135
Tan	D2 B4 8C	210 180 140
RosyBrown	BC 8F 8F	188 143 143
SandyBrown	F4 A4 60	244 164 96
Goldenrod	DA A5 20	218 165 32
DarkGoldenrod	B8 86 0B	184 134 11
Peru	CD 85 3F	205 133 63
Chocolate	D2 69 1E	210 105 30
SaddleBrown	8B 45 13	139 69 19
Sienna	A0 52 2D	160 82 45
Brown	A5 2A 2A	165 42 42
Maroon	80 00 00	128 0 0
White	FF FF FF	255 255 255
Snow	FF FA FA	255 250 250
Honeydew	F0 FF F0	240 255 240
MintCream	F5 FF FA	245 255 250
Azure	F0 FF FF	240 255 255
AliceBlue	F0 F8 FF	240 248 255
GhostWhite	F8 F8 FF	248 248 255
WhiteSmoke	F5 F5 F5	245 245 245
Seashell	FF F5 EE	255 245 238
Beige	F5 F5 DC	245 245 220
OldLace	FD F5 E6	253 245 230
FloralWhite	FF FA F0	255 250 240
Ivory	FF FF F0	255 255 240
AntiqueWhite	FA EB D7	250 235 215
Linen	FA F0 E6	250 240 230
LavenderBlush	FF F0 F5	255 240 245
MistyRose	FF E4 E1	255 228 225
Gainsboro	DC DC DC	220 220 220
LightGrey	D3 D3 D3	211 211 211
Silver	C0 C0 C0	192 192 192
DarkGrey	A9 A9 A9	169 169 169
Grey	80 80 80	128 128 128
DimGrey	69 69 69	105 105 105
LightSlateGrey	77 88 99	119 136 153
SlateGrey	70 80 90	112 128 144
DarkSlateGrey	2F 4F 4F	47 79 79
Black	00 00 00	0 0 0

« Entendendo as cores   **Terminologia básica**   Cores especiais ou sólidas »   **Cor**

Tipos de cor

Anteriormente, observamos RGB e CMYK. As cores utilizadas em cada um desses espaços de cor podem ser descritas com muita precisão e de maneiras distintas.

Cor para impressão

A reprodução exata da cor na impressão pode ser garantida pelo uso de livros de amostras, como o da Pantone PMS, para especificar as cores utilizadas. O livro de amostras da Pantone utiliza o sistema Pantone Colour Matching, explicado abaixo. É importante guardar esses livros longe de fontes diretas de luz, caso contrário, as cores irão desbotar e perder sua precisão.

Cor para tela

As cores seguras para a Web são um grupo de 216 cores consideradas seguras para uso no design de sites. Essa paleta surgiu quando monitores de computador exibiam apenas 256 cores e foi escolhida para ser compatível com as paletas de cores determinadas por navegadores da época. A paleta de cores seguras para a Web tem o maior número de cores diferentes que podem ser distinguidas individualmente. Cores na tela podem ser controladas pelo uso de cores seguras para garantir a reprodução uniforme de cor independentemente da tela na qual um site é visualizado. As principais cores seguras são mostradas abaixo, e o conjunto completo é mostrado na página oposta.

As cores são representadas em HTML utilizando um tripleto hexadecimal, um número hexadecimal de três bytes e seis dígitos. Os bytes se referem a vermelho, verde ou azul (nessa ordem), com um alcance de 00 a FF (notação hexadecimal) ou de 0 a 255 (notação decimal) para representar a intensidade mínima e máxima de cada componente da cor. Por exemplo, o amarelo abaixo tem valor decimal de 255.255.0, que, em hexadecimais, se torna o tripleto hexadecimal FFFF00.

812U	205U			812U	
	7 pts Rub Red	21.9	C	0
	1 pts Yellow	6.2	M	27
	8 pts Trans White	50.0	Y	100
			K	0

Livros Pantone PMS

Os principais livros de amostras da Pantone são o Process (cores compostas por CMYK) e Solid (cores especiais) e ambas possuem versões com e sem revestimento. Existem também livros de amostras para tons metálicos e pastéis. O primeiro retângulo de cor acima é uma cor especial 812U, e o U significa que é para papel sem revestimento (C significa que é para papel com revestimento). O segundo retângulo é uma cor sólida composta pela mistura de Rubine Red com amarelo e branco. A mistura permite que a impressora produza uma grande gama de cores a partir de um pequeno conjunto de tintas. O retângulo final é uma cor de processo feita a partir de porcentagens de ciano, magenta e amarelo e cores processadas com preto.

White	#FFFFFF
Silver	#C0C0C0
Grey	#808080
Black	#000000
Red	#FF0000
Maroon	#800000
Yellow	#FFFF00
Olive	#808000
Lime	#00FF00
Green	#008000
Aqua	#00FFFF
Teal	#008080
Blue	#0000FF
Navy	#000080
Fuschia	#FF00FF
Purple	#800080

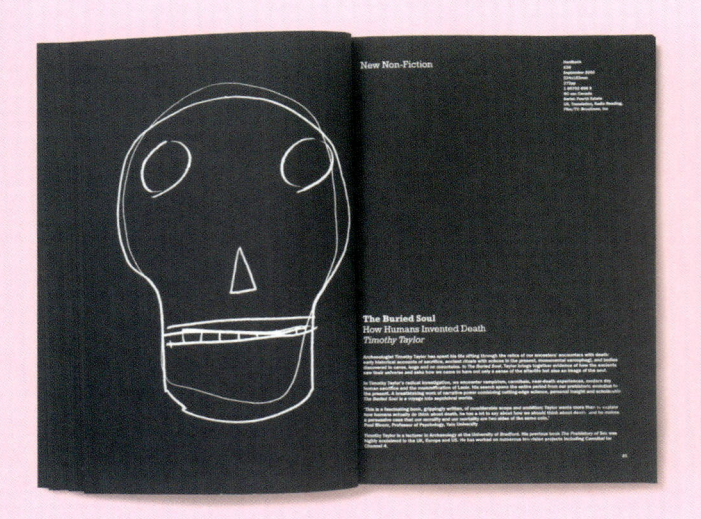

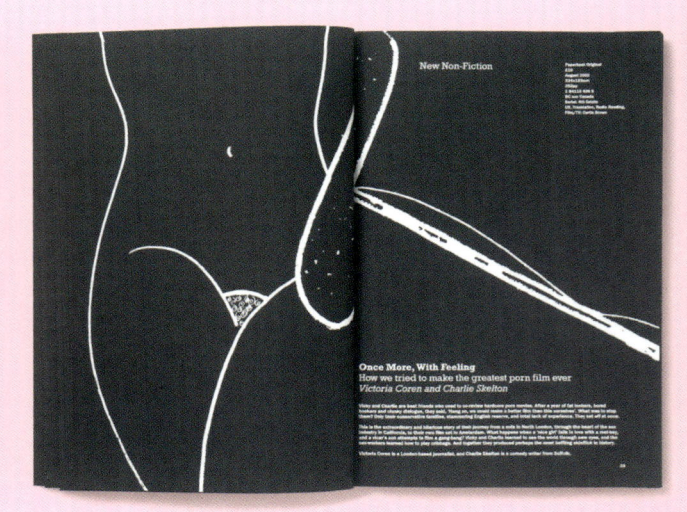

4th Estate ↑ →

Em um mundo onde a impressão em quadricromia se tornou requisito básico, o estádio Frost Design mostra que o preto e branco ainda pode ser uma escolha eficaz. Estes desenhos minimalistas para o Fourth Estate representam coisas que estamos acostumados a ver em cores vibrantes, como os olhos das pessoas ou um corpo.

Design: Frost Design

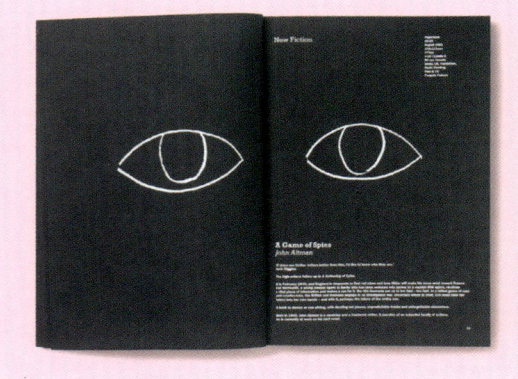

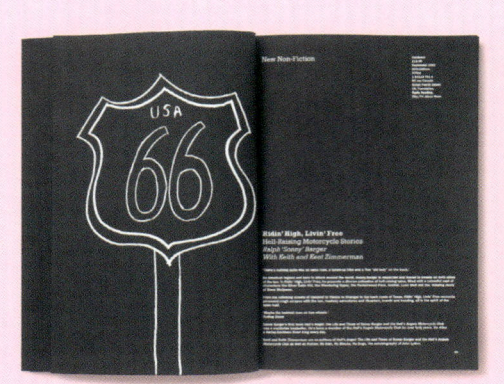

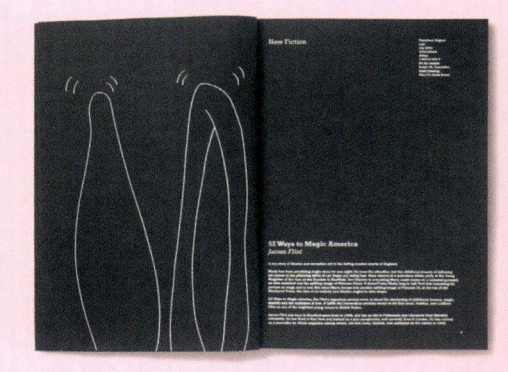

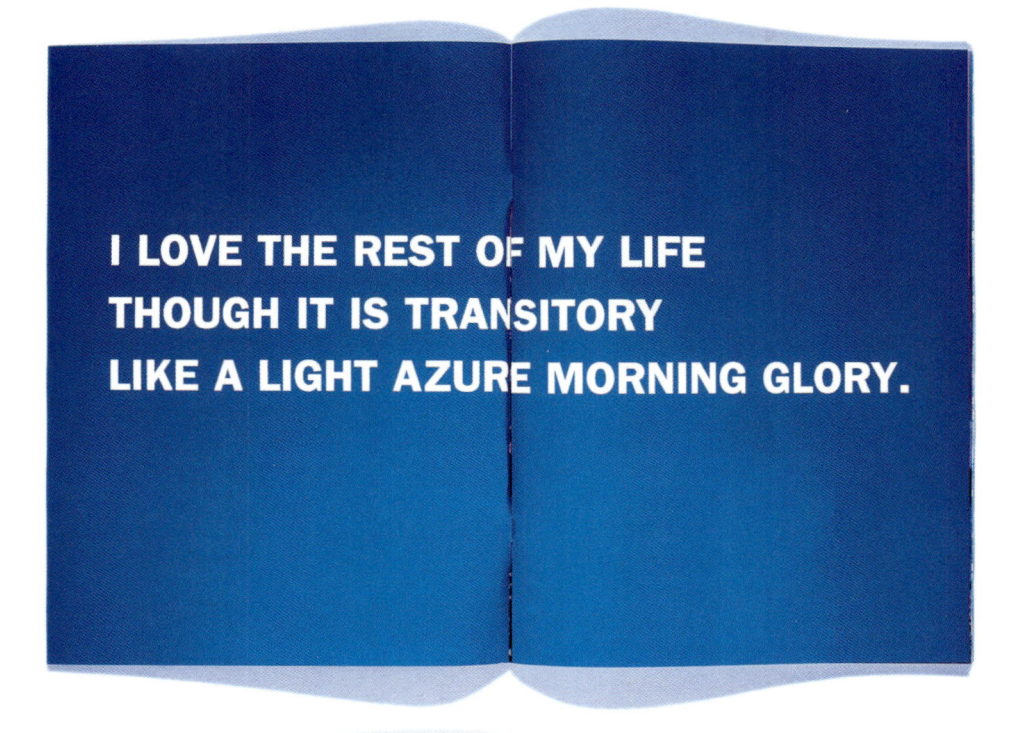

« Entendendo as cores   **Terminologia básica**   Cores especiais ou sólidas »   **Cor**

> I LOVE THE REST OF MY LIFE
> THOUGH IT IS TRANSITORY
> LIKE A LIGHT AZURE MORNING GLORY.

Broadgate ← ↙

Esta brochura da academia Broadgate traz uma série de haikus que apresenta um imaginário aspiracional. A cor é usada para reforçar o significado do poema. O tipo em negrito é cuidadosamente posicionada e suavizado com o uso de cores chapadas, inundando o plano de fundo. As páginas duplas mostram o uso de bloco de cor, em que o texto do haiku foi excluído da cor plana, criando um conjunto representativo e cativante de declarações.

Design: Studio Myerscough

cores especiais ou sólidas

Nas tabelas anteriores, vimos como o processo de impressão em quatro cores pode produzir uma ampla gama de cores. Existem, no entanto, cores que podem ser impressas fora dessa gama. Elas incluem metálicos, fluorescentes e uma variedade de cores pastel delicadas. Essas cores especiais são impressas como cores sólidas – em suas próprias chapas de impressão, da mesma forma que o ciano, o magenta, o amarelo e o preto na impressão CMYK.

Essencialmente, na impressão em quatro cores, cada subtrativa primária CMY (ciano, magenta e amarelo) é impressa como se fosse uma cor especial, e são combinadas para criar uma série de outras cores. O uso de cores especiais pode causar um grande impacto visual (como mostrado na página seguinte) ou pode ser usado para assegurar que cores consistentes são usadas em uma variedade de trabalhos impressos.

Este retângulo foi impresso pelo processo em quatro cores. Se você olhar bem de perto, verá que ele é composto de pontos em ciano, magenta, amarelo e preto. O processo de quatro cores pode produzir praticamente todas as cores pela combinação das três cores de escala com proporções diferentes. Embora esse processo de três cores possa produzir uma ampla variedade de cores, ele tem limitações, assim, uma cor "especial" talvez precise ser utilizada.

Date of Birth ↓

Esta identidade utiliza uma tinta prata metálica, impressa em um suporte preto fosco.

Design: Planning Unit

Cor especial
Uma cor especial é uma tinta colorida pré-misturada normalmente identificada por um sistema de cores, por exemplo, o PMS, utilizado para documentos que precisam de poucas cores ou cores específicas. As cores especiais são aplicadas como uma chapa separada e parecerão suaves quando vistas bem de perto.

Metálicas
Tintas que contém partículas metálicas que as fazem parecer metais como prata, ouro ou cobre. As tintas metálicas podem manchar ou deixar marcas, dessa forma, aplicar uma cobertura pode ser necessário.

Cores fluorescentes
Estas tintas são tão brilhantes que parecem emitir luz. As tintas fluorescentes podem atingir cores brilhantes, especialmente em suportes coloridos, mas precisam ser impressas em concentração maior do que a usada em tintas normais, de modo a atingir a intensidade necessária.

Hexachrome
A Pantone desenvolveu um processo de impressão em seis cores chamado Hexachrome, o qual aprimora o sistema CMYK com a adição de laranja e verde. A ampliação da variedade de cores enriquece a reprodução fotográfica e a simulação exata de todas as cores especiais PMS.

« Terminologia básica   **Cores especiais ou sólidas**   Combinações de cores »

Esta página foi impressa com uma cor especial. Se você olhar bem de perto, verá que ela é uma cor sólida, não é composta de pontos, como o retângulo na página anterior, produzido pelo processo de impressão em quatro cores. As cores especiais são aquelas que não podem ser criadas com as cores de escala CMYK, como tintas metálicas, fluorescentes e Pantone (PMS), as quais precisam ser aplicadas por meio de chapas adicionais. As cores especiais são muito usadas em logotipos corporativos. Embora mais caras, a vantagem é óbvia, já que o design é impresso em uma cor precisa e definida.

As páginas 129, 136 e 137 também foram impressas com PMS 812.

combinações de cores

Um design normalmente tem uma cor dominante com cores acentuadas e subordinadas. A seleção da paleta de cores dependerá da mensagem, do clima e do tom a ser transmitido pelo design. Com uma série de combinações possíveis disponíveis, a roda de cores pode ser utilizada como ferramenta para selecionar a paleta de cor que resultará em combinações harmoniosas, como mostrado abaixo. Selecionar complementares divididas, complementares mútuas ou tríades (ver página 127) da cor principal fornecerá um corte limitado conveniente para a seleção da paleta.

Subordinada
Cor visualmente mais fraca que complementa ou contrasta com a cor dominante.

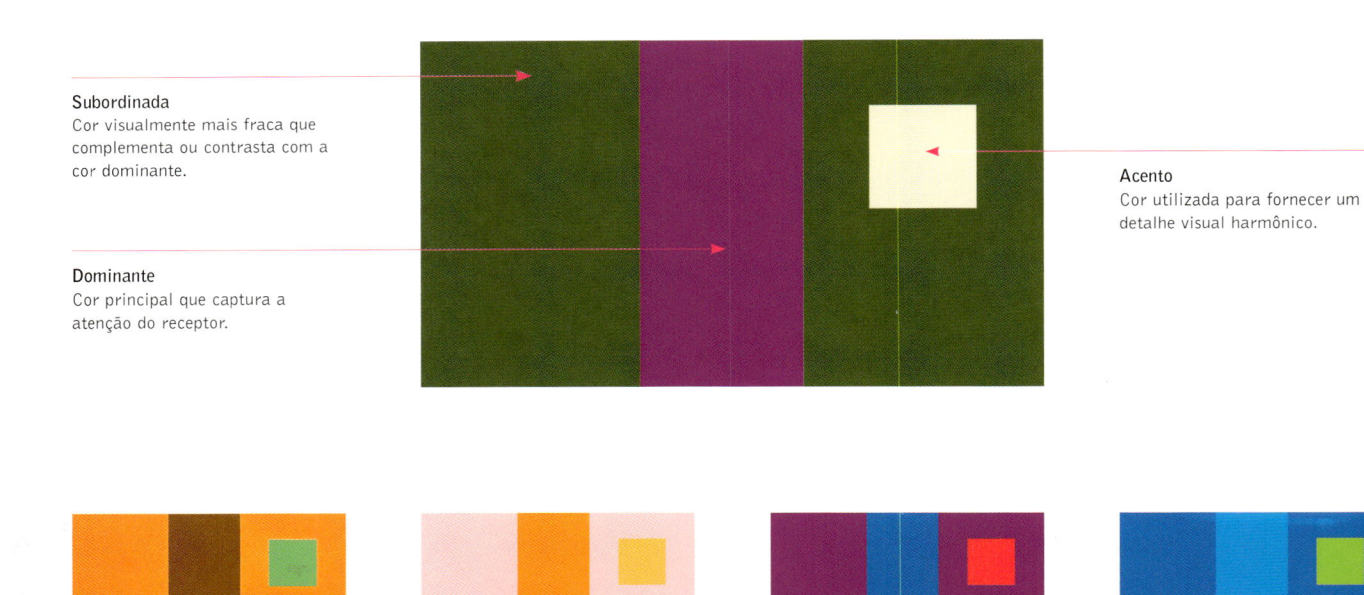

Acento
Cor utilizada para fornecer um detalhe visual harmônico.

Dominante
Cor principal que captura a atenção do receptor.

Criação da paleta
Combinações diferentes de cores imprimem um design com níveis diversos de intensidade, energia e sentimento. Elas podem ser naturais ou vibrantes, marcantes e energéticas ou calmas, como mostram os exemplos acima. Uma paleta poderosa que use cores escuras combinadas com uma ou duas cores autoritárias, como amarelo vibrante — como os avisos de perigo sobre animais e insetos — fazem uma declaração definida. Cores mais suaves, como os tons pastel, criam uma cor difusa que é sutil e delicada; eles fornecem um bom contraste a uma cor primária forte ou acentuada. O uso de um roxo forte fornece um toque exótico e misterioso, enquanto o uso de azuis trará uma sensação de relaxamento e frescor ao design, conferindo um toque conservador ou tradicional.

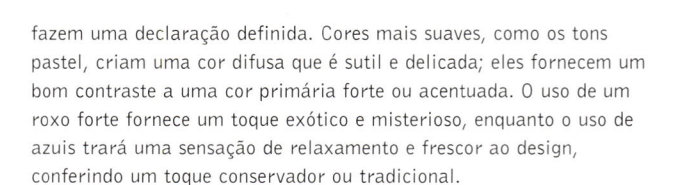

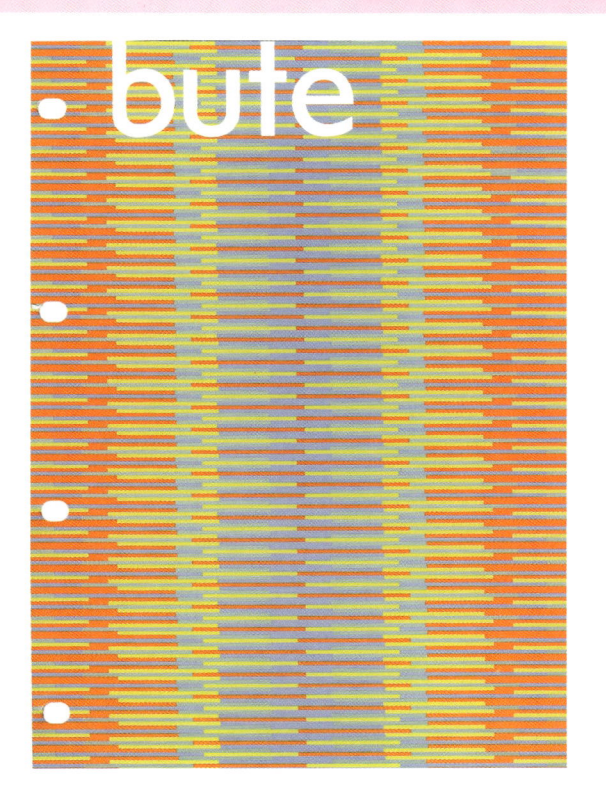

« Cores especiais ou sólidas   **Combinações de cores**   Colorindo imagens »   **Cor**

Bute ↘ ↗

Esta é a identidade e a marca do fabricante de tecidos escocês Bute. Inspirando-se no produto, o conjunto de folhetos utiliza cores como meio de navegação. A pasta simples serigrafada (acima, à esquerda) contém um cartão introdutório (à direita), um folder apresentando o produto (abaixo, à esquerda), e uma série de amostras de tecidos coloridos em dobra-janela (abaixo, à direita).

Design: Studio Myerscough

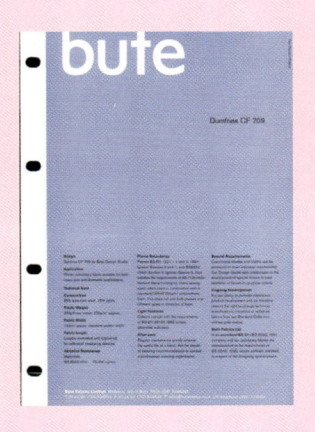

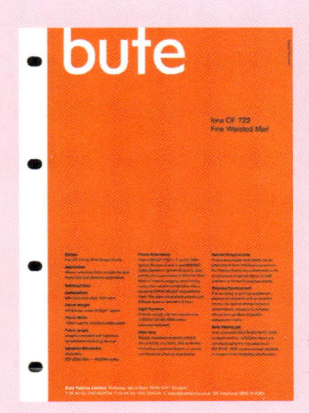

colorindo imagens

Uma imagem colorida é produzida pela sua separação dentro de três cores tricromáticas – ciano, magenta e amarelo – e preto, as cores de processo utilizadas na impressão em cores. Quase todas as cores podem ser impressas utilizando essas primárias subtrativas no processo de impressão em quatro cores, com uma chapa de impressão separada para cada cor a fim de construir a imagem, como mostrado abaixo. Mas o designer não precisa se conformar com as cores originais de uma imagem; usando algumas das opções a seguir, é possível alterá-la e aprimorá-la de forma considerável.

Abaixo, estão as separações de cores CMYK necessárias para produzir uma imagem colorida. O filme de cada cor é composto de pontos que, quando impressos sobre outros filmes no registro, produzem a imagem (bem à esquerda). Os pontos de cada cor são alinhados em ângulos diferentes para que eles se sobreponham e produzam a imagem. Eles são muito pequenos para serem vistos a olho nu, mas o padrão que formam é mostrado na imagem ampliada (à esquerda). O processo de impressão utiliza a ordem CMYK e produz a imagem desta maneira (abaixo).

Ciano
(C)

Ciano e Magenta
(C+M)

Ciano, Magenta e Amarelo
(C+M+Y)

Ciano, Magenta, Amarelo e Preto
(C+M+Y+K)

« Combinações de cores **Colorindo imagens** A cor como branding »   **Cor**

Imagem CMYK em quatro cores original
Fotografia básica.

Imagem na escala de cinzas
Uma escala de cinzas é uma imagem formada pelos tons de cinza, do preto ao branco.

Imagem em escala de cinzas com imagem convertida em magenta
Uma escala de cinzas, quando salva como TIFF (Tagged Information File Format), pode ser colorida diretamente em programas de editoração eletrônica.

Imagem na escala de cinzas com a foto convertida em preto 50% e o fundo impresso como amarelo 100%
O plano de fundo pode ser colorido independentemente da imagem.

Imagem em duotone com partes iguais de preto e ciano

Imagem em duotone composta de preto e ciano 100%

Imagem em duotone com partes iguais de ciano e amarelo

Imagem em duotone com partes iguais de magenta e ciano com valores opostos

Imagem em tritone com partes iguais de preto, vermelho e laranja

Imagem em quadtone com partes iguais de preto, vermelho, laranja e amarelo

Imagem bitmap com um limiar de 50%
Um bitmap é formado por um padrão de pixels e registra informações apenas como pretos e brancos.

Bitmap colorido
Bitmaps podem ser coloridos da mesma forma que imagens em escala de cinzas.

Técnicas adicionais

A cor pode ser utilizada de muitas formas para trazer criatividade a um design e apresentar imagens de formas não convencionais. As técnicas abaixo mudam muito a apresentação de uma imagem, o que leva o receptor a ler ou interpretar de forma diferente.

Gradiente duotone
Um gradiente de cor que cria um duotone pode conferir uma textura sutil e interesse a uma imagem.

Efeitos
Existem muitos efeitos para fazer o ajuste de imagens; por exemplo, uma tonalidade sépia pode fazer com que a imagem se pareça com uma fotografia antiga.

Tonalidade
Porcentagem especifica de uma cor de 0 a 100%. Valores muito baixos podem não ser reproduzidos no processo de impressão.

Sobreimpressão
Uma sobreimpressão é a sobreposição de uma tinta impressa sobre outra tinta impressa. Isso pode resultar na criação de outra cor ou na produção de um preto mais profundo.

Avesso
Onde o design é produzido pela remoção de um bloco de cor impressa e deixado como uma área que não foi impressa.

Impressão sobreposta
Técnica de impressão que usa valores de tonalidades de uma cor para dar a impressão de que duas ou mais cores foram utilizadas.

« Combinações de cores   **Colorindo imagens**   A cor como branding »   Cor

Fluxo de cor
O fluxo de cor é a prática de preencher um espaço com cor altamente saturada. No design, uma cor inteira ou apenas um espaço podem ser preenchidos, ou inundados, com uma cor que sangre a página.

a cor como branding

Até aqui, estudamos como a cor pode ser utilizada, seus aspectos técnicos de uso e o que pode significar. A cor não funciona sozinha, mas em conjunto com a tipografia, a ilustração, o formato e o layout para criar um design. No branding, a cor contribui em uma parte bastante específica – o reconhecimento instantâneo.

Diferença e semelhança

Algumas categorias de produtos tendem a utilizar uma linguagem semelhante de cor para transmitir os mesmos valores ao consumidor. No supermercado, vemos empilhamentos de verde escuro ou menta na seção de vegetais congelados, o que pode representar frescor, enquanto o dourado é usado muitas vezes para representar a qualidade ou exclusividade. Uma identidade é criada, muitas vezes, pelo uso de uma única cor em todos os produtos de uma marca. Enquanto isso fortalece a identidade de uma marca, a estratégia também pode correr o risco de se tornar desinteressante. Isso pode ser evitado ao permitir que cada produto que faz parte de uma marca tenha determinados elementos particulares no que diz respeito ao uso de imagens e de cor.

Consistência da cor

Empresas despendem grandes esforços definindo suas marcas e imagem da marca. Já que a cor desempenha um papel importante nessa definição, é fundamental que a aplicação dos valores de cor seja consistente, uniforme. Muitas vezes, as cores utilizadas serão expressadas de forma precisa no PMS de cores especiais com o uso de manuais para manter o uso consistente entre escritórios de design, impressores, fornecedores e outros que trabalham com a marca.

breathe the fresh air of novelty and take pleasure in the details, in your renewed everyday scenery. if this is life, it is created for you. enjoy!

if&for

« Colorindo imagens   **A cor como branding**   Variação de emoções / Combinações de cor »   **Cor**

if & for

Esta identidade para o conceito de uma loja grega utiliza tipografia e cor de forma criativa para chamar a atenção. A linguagem utilizada é simples, direta e mínima, conforme a massagem e a tipografia são reduzidas a seus elementos básicos, dispensando o uso de maiúsculas e a pontuação. O uso do ciano cria um intervalo visual na cópia e confere uma hierarquia ou estrutura no lugar das maiúsculas ausentes e dos pontos finais, o que ajuda a criar uma identidade forte e memorável. Uma abordagem simples, honesta e utilitária do design.

Design: The Design Shop

Variação de emoções / Combinações de cor

Exercício 1 – Variação de emoções

Premissa
O uso da cor nos rodeia em mídias digitais e impressas devido ao poder que tem de comunicar e de conferir dinamismo e emoção ao design.

Exercício
Selecione uma imagem ou fotografia e dê a esse objeto diferentes tratamentos de cor para ver como cada um muda a mensagem que a imagem ou o design comunica.

Resultado
Produza uma visualização de suas descobertas mostrando como tratamentos de cor diferentes criam diferentes emoções ou leituras de um design ou imagem. Por exemplo, você pode apresentar resultados positivos, felizes, tristes, tradicionais ou futurísticos.

Objetivo
Motivar uma apreciação mais cuidada do uso da cor no design.

Tratamentos de cor
A imagem colorida captura um momento. Os detalhes da cor na imagem transmitem informações que nos ajudam a construir significado. Mudar detalhes de cor permite que o designer apresente diferentes significados e emoções.

« A cor como branding   **Variação de emoções / Combinações de cor**   Cor

destaque

fusão

choque

Justaposição ↓ ←

Determinadas combinações de cor criam um efeito visual que engana ou confunde o olho. Embora todos os retângulos abaixo tenham o mesmo tamanho, alguns parecem estar mais próximos do que outros. Da mesma forma, controlar as cores permite que o designer faça itens que se destaquem, que se harmonizem ou que choquem.

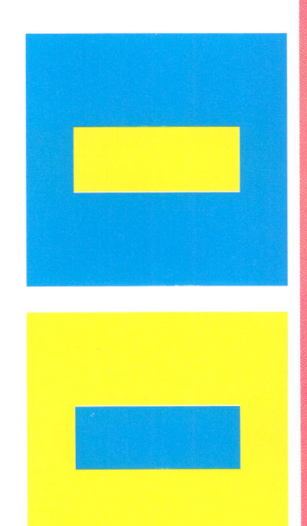

Exercício 2 – Combinações de cor

Premissa
As cores são afetadas por outras cores que as rodeiam. Uma cor clara tende a contrair cores escuras que ela circunda e a expandir-se quando cercada por uma cor escura.

Exercício
Crie uma série de declarações tipográficas que explorem as ilusões acima sobre como vemos as cores.

Resultado
Uma série de pôsteres em grande escala.

Objetivo
Pensar sobre como as cores afetam o significado.

143

ABOU
SYNO
Why
World.
A DARMI
DIRECTOR
VATE TEAM
SYNOVATE 2006

one
OUT OF ONE HUNDRED ENJOYS HIS JOB...
VATE?
Research driven by
experien
THE SYNOVATE TEAM

Acabamento de impressão

O acabamento de impressão diz respeito a todos os aspectos que envolvem o modo como o design final é concretizado no produto final. Isso inclui elementos como quais tintas e técnicas de impressão usar, em quais suportes o trabalho deve ser impresso, etc. Também inclui o uso de diferentes técnicas de acabamento, como corte e vinco, dobragem, impressão em relevo e encadernação.

Embora as técnicas de acabamento de impressão aumentem o custo do trabalho impresso, sua aplicação cuidadosa confere dinamismo à peça. A compreensão total das técnicas de acabamento de impressão e do potencial de seu impacto permitirão que você as utilize de maneira eficiente. Mesmo nos orçamentos mais apertados, os métodos de acabamento de impressão podem facilitar o alto nível de criatividade sem extrapolar os valores determinados.

Synovate ←

Catálogo corporativo produzido para a Synovate, uma empresa global de pesquisa de mercado. Cada folder foi projetado para ter uma capa única com tipografia em bold para comunicar os padrões de excelência da empresa e sua cultura dinâmica.

Design: Mouse Graphics

tipos de papel

Ter um conhecimento profundo dos tipos de papel é crucial na tomada de decisões sobre a adequação de um determinado suporte. Alguns suportes são selecionados por sua aparência física ou pelo tato; outros, devido à forma como reproduzem textos e/ou imagens. Também é considerado o modo como certos suportes se comportam. Determinados papéis têm peculiaridades adicionais (por exemplo, "transparência", como mostrado abaixo). Esta página é um guia para alguns dos principais tipos de papel e suas qualidades inerentes.

Gramatura
A gramatura do papel é uma parte de sua especificação e é medido em gramas por metro quadrado (GSM), baseada no peso de um metro quadrado do suporte. Quanto maior o valor GSM, mais pesado e rígido é o suporte.

Corpo
Também conhecido como "calibre" ou "volume", o corpo se refere a quão funda é uma folha de papel. Suportes mais espessos tendem a ser mais rígidos e opacos. Suportes mais finos podem ter mais transparência.

Barba
A borda irregular do papel assim que ele deixa a máquina. O papel feito em máquinas tem duas barbas, enquanto o papel feito à mão possui quatro. Normalmente retirada, a barba pode conferir um efeito decorativo se deixada no papel. O feito pode imitar o rasgo feito nos cantos de um papel feito à mão. A barba também é conhecida como "borda felpuda".

Papel vergê
Apresenta poucas diferenças em textura e espessura quando exposto à luz. O papel vergê é produzido com a pressão da polpa contra uma rede muito fina para produzir uma textura virtualmente uniforme que não possui nervuras ou marcas d'água.

Transparência
Qualidade que permite que o que for impresso de um lado da folha apareça e esteja visível do outro lado. A transparência é causada pela opacidade inadequada do papel. Papéis com alta opacidade não têm transparência. Essa característica não deve ser confundida com "penetração", em que o elemento líquido de uma tinta de impressão atravessa a folha.

Acabamento
Características de superfície do papel, incluindo o tato e a aparência. Do fosco e mate ao suave e brilhante, os acabamentos do papel podem ser aplicados fora de máquina ou durante o processo de produção.

Opacidade
Grau de transmissão de luz que o suporte não permite. Papéis de alta opacidade não mostram o que é impresso de um lado da folha no outro lado. Papéis de baixa opacidade permitem transparência.

Sentido da fibra
Alinhamento das fibras durante o processo de fabricação do papel na direção em que a folha passa na máquina de fabricação de papel. O sentido da fibra é a direção em que a maioria das fibras são dispostas. Essa característica significa que o papel é mais fácil de dobrar ou de rasgar na direção do sentido das fibras.

Tipos de papel   Engenharia do papel »   **Acabamento de impressão**

Papel feito à mão com fibras desalinhadas

Papel-bíblia com espessura baixa e alta opacidade

Papel revestido que suporta uma boa imagem colorida

Papel revestido
Papel feito com uma camada composta de minerais, amido ou polímeros espalhada sobre a superfície durante a fabricação para melhorar suas características e imprimibilidade. Papéis revestidos com minerais, como o caulim, carbonato de cálcio e talco melhoram a brancura, o brilho e a imprimibilidade da superfície.

Papel não revestido
Papel produzido sem uma camada de revestimento para melhorar a imprimibilidade. É possível utilizar preenchimentos minerais para melhorar a brancura. É a maior categoria de papel para escrita e para impressão e inclui quase todos os papéis de escritório utilizados em copiadoras, em artigos de papelaria e offset para a impressão comercial geral.

Papel-jornal
Suporte de papel feito mecanicamente de polpa de madeira. O papel-jornal é um suporte barato utilizado para impressões em larga escala, mas tem um tempo de vida mais curto do que outros suportes. Sua baixa qualidade, superfície grosseira e absorção relativamente alta significa uma capacidade de reprodução de imagem medíocre se comparada a outros suportes.

Papel-mate
Suporte não revestido utilizado para impressão jato de tinta que produz impressões de qualidade, mas sem acabamentos de cor vibrante. O papel-mate produz imagens sem brilho que não são vulneráveis às marcas de dedo.

Chromolux
Papel pesado, de grande espessura e alta qualidade esmaltado com uma superfície suave e altamente brilhante. É à prova d'água de um lado.

Papel feito à mão
Papel feito individualmente à mão utilizando algodão, seda e outros materiais em um molde ou quadro. O molde é uma moldura coberta com uma tela plana, coberta por um quadro plano ou moldura que contenha polpa úmida para ser pressionada. Fibras de papel feito à mão não têm grânulo.

Papel-bíblia ou indiano
Um papel fino, de baixa gramatura, longa duração, opaco normalmente feito com 25% de algodão e trapos de linho ou linho com polpa de madeira química após seu uso mais comum. O papel-bíblia permite um grande número de páginas dentro de um tamanho dado por causa de seu baixo calibre.

Papel flocado
Papel revestido com uma fina camada de resíduo de lã ou pó de fibra vegetal que é fixado com cola para dar uma aparência aveludada ou de tecido. O papel flocado fornece um elemento visual alternativo e tátil e, embora não tenha uma boa superfície de impressão, pode ser usado com bons resultados como folha de selagem.

Arquitetura radical ↑ ↙

Um esquema de cores forte e construtivista e um catálogo em estilo de manifesto são combinados para causar impacto. O catálogo, impresso em papel-bíblia como uma série de páginas individuais, permite que os visitantes peguem páginas selecionadas. A tipografia é intencionalmente pequena, com linhas longas, exigindo que os visitantes guardem os cadernos do manifesto para leitura posterior. A transparência do suporte (mostrado acima) se torna parte do design.

Design: Studio Myerscough

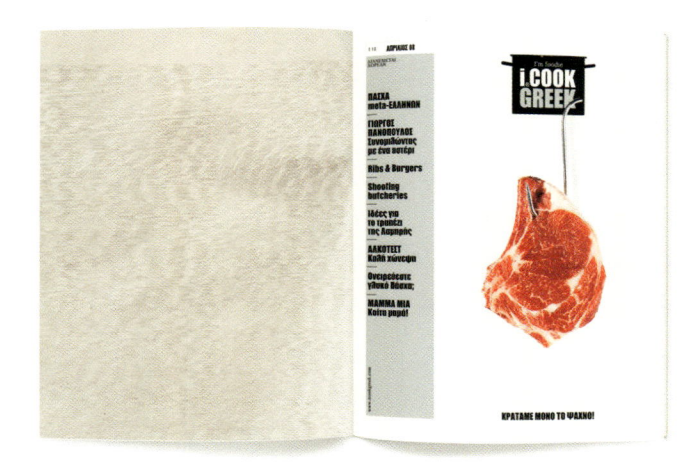

Tipos de papel   Engenharia do papel »   **Acabamento de impressão**

I Cook Greek ↑ ↓

As declarações textuais em estilo de manifesto conferem uma dramaticidade e personalidade a esses designs promovendo a comida grega.

Design: Mouse Graphics

engenharia do papel

A engenharia do papel aqui se refere à construção de formas tridimensionais e estruturas de papel, geralmente por meio da dobragem, e não pelo próprio fabricante do papel. O papel pode ser utilizado para produzir objetos geométricos como cubos, plantas e animais. Também podemos ver isso no origami e nas páginas interativas que surgem em livros.

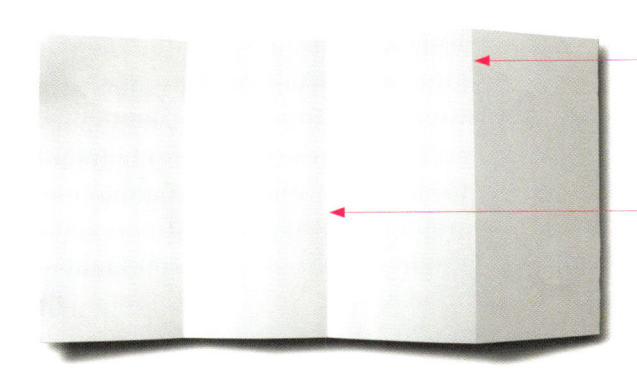

Dobra-montanha
Com o papel na horizontal, a dobra-montanha tem um vinco central voltado para cima, como o cume de uma montanha, com painéis abrido-se para baixo.

Dobra-vale
Com o papel na horizontal, a dobra-vale tem um vinco central voltado para baixo, com os painéis abrindo-se para cima, formando os lados de um vale.

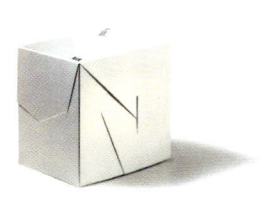

Daniel Libeskind ↑

A mala-direta feita para angariar fundos para a ampliação, proposta por Daniel Libeskind, do Victoria and Albert Museum, tem uma estrutura tridimensional. Quando aberta, a embalagem revela um modelo da complexa construção em espiral contínua de 24 planos: se a melhor maneira de entender uma construção é olhando um modelo, então vamos enviar um modelo às pessoas, explica Johnson Banks.

Design: Johnson Banks

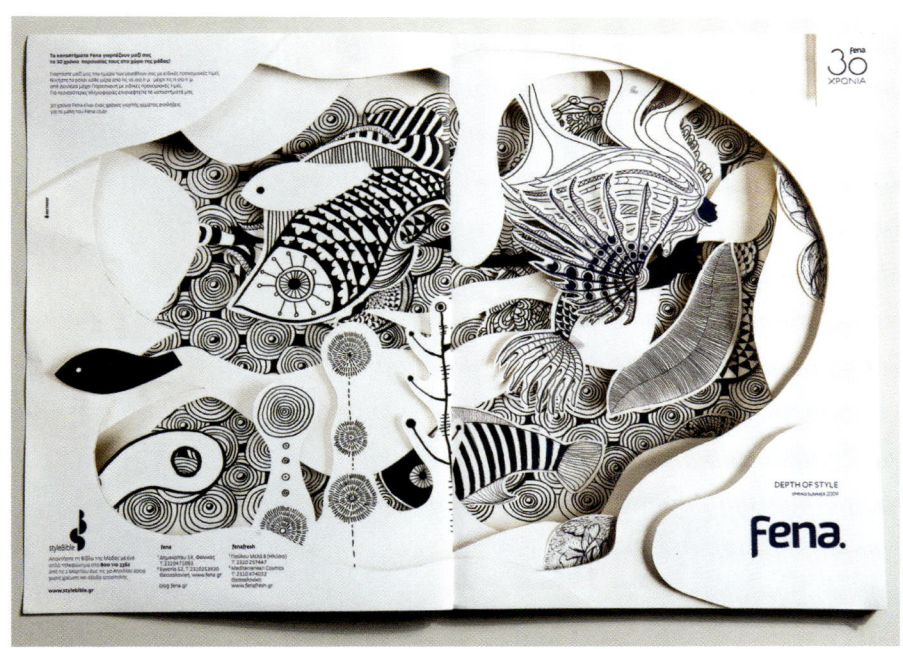

« Tipos de papel   **Engenharia do papel**   Litografia e impressão direta à chapa (CTP) »

Acabamento de impressão

Fena – Depth of Style ↑ →

Este catálogo feito para uma loja de roupas grega, a Fena, utiliza uma composição de itens impressos e engenharia de papel para criar camadas diferentes e sombras (acima) que são, então, fotografadas (parte superior) para produzir a composição final do design (direita). O produto final parece ser tridimensional por causa dos efeitos de sombra capturados nas fotografias.

Design: Beetroot

151

litografia e impressão direta à chapa (CTP)

A litografia é um processo de impressão que utiliza uma chapa de impressão lisa e que funciona à base de óleo e água, que se repelem. A imagem é aplicada à chapa como um polímero que repele a água, mas que aceita a tinta. Quando a chapa passa por baixo do rolo de tinta, as áreas sem imagem, que têm um filme de água, repelem a tinta a óleo, que adere às áreas com imagem. A litografia produz uma boa reprodução de fotografias e artes a traço em diversos suportes. As chapas de impressão são fáceis de preparar e atingem velocidades altas, fazendo esse método de impressão ter baixo custo se comparado à impressão folha a folha ou por pressão contínua.

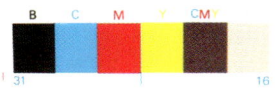

À esquerda vemos uma série de cores predefinidas impressas na borda de uma folha que são utilizadas por operadores de impressoras para verificar se a impressão está saindo de forma consistente.

Ciano

Ciano e Magenta

Ciano, Magenta e Amarelo

Ciano, Magenta, Amarelo e Preto

Processo de impressão em quatro cores

Processo que utiliza quatro tintas de cores subtrativas primárias para reproduzir imagens coloridas. Ciano, magenta e amarelo são as primárias subtrativas que se combinam na impressão para criar as primárias aditivas (vermelho, verde e azul) da luz visível. Cores diferentes são criadas por meio da mistura de cores em concentrações diferentes. O preto é adicionado separadamente já que o preto produzido pela mistura das três cores subtrativas primárias é insatisfatório.

Do computador para a chapa de impressão

Tecnologia de imagem utilizada na impressão, na qual o design sai diretamente na chapa de impressão. Os métodos de impressão tradicionais transferem o design para um filme que é então usado para fazer a chapa de impressão. A tecnologia computador para chapa é o método mais rápido e barato de fazer chapas de impressão, permitindo que imagens mais nítidas e detalhadas sejam transferidas com redução de problemas de registro.

Impressão em bobina

Método de impressão de alta tiragem em que as máquinas são alimentadas por um rolo contínuo de papel, gerando maior economia de escala do que a impressão folha a folha. Depois de impressas, as páginas são separadas e cortadas de acordo com a medida requerida.

Impressão plana

Método de impressão de média tiragem em que as máquinas são alimentadas por folhas individuais que podem ser dobradas ou cortadas depois de impressas.

« Engenharia do papel   **Litografia e impressão direta à chapa (CTP)**   Quadricromia – tonalidades »   **Acabamento de impressão**

Contraste ↑ →

Este pôster para um projeto de projeção de vídeo, organizado pela Greek Graphic Design Association durante o European Design Awards, mostra o uso de um grid bastante claro para alocar diferentes informações que traz ordem e estrutura ao conteúdo. Cada pôster foi impresso com contrastes diferentes, ou valores de matiz diferentes (como podemos ver acima) para refletir o tema da exibição.

Design: The Design Shop

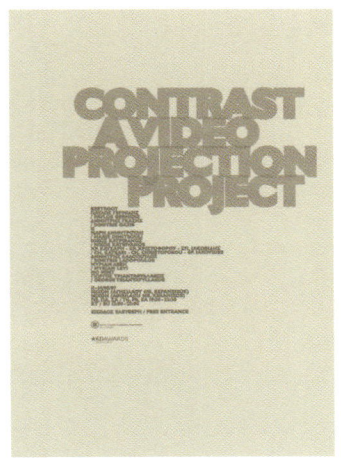

quadricromia – tonalidades

A reprodução de cores é criada filtrando-se as cores tricromáticas de processo ciano, magenta e amarelo – normalmente em quantidades de 10% – que, quando combinadas com uma ou as duas outras cores, formam todas as variações mostradas na página ao lado. Há 1.000 tonalidades disponíveis que usam as três cores de escala, e outras 300 cores adicionais podem ser obtidas combinando uma cor de escala com a preta. As três imagens na parte superior da página ao lado mostram as 100 variações de cores disponíveis utilizando uma cor de escala combinada com a cor preta. As outras 11 são combinações de magenta e ciano com porcentagens variadas de amarelo.

Os diagramas de tonalidades na página ao lado são projetados para dar uma indicação visual clara da representação verdadeira obtida utilizando-se tonalidades de quatro cores.

É importante entender que a precisão dessas representações está diretamente ligada ao processo de impressão em quatro cores padrão e suas limitações. O suporte sobre o qual esta página é impressa também afetará a reprodução das combinações de cores, assim como qualquer outro suporte que você utilizar.

O gráfico das cores preto e amarelo abaixo demonstra como determinar os valores de uma cor escolhida. O canto superior esquerdo do gráfico tem 0% de amarelo com 0% de preto, portanto, nada é impresso. O gráfico fornece a variedade de cores em quantidades de 10% tanto de amarelo quanto de preto até 100% de amarelo e 100% de preto no canto inferior direito, que é impresso como uma cor sólida.

Desenhando uma linha vertical e horizontalmente a partir de uma cor selecionada, é possível estabelecer seus componentes. No exemplo abaixo, a cor selecionada é produzida utilizando-se 40% de preto e 60% de amarelo.

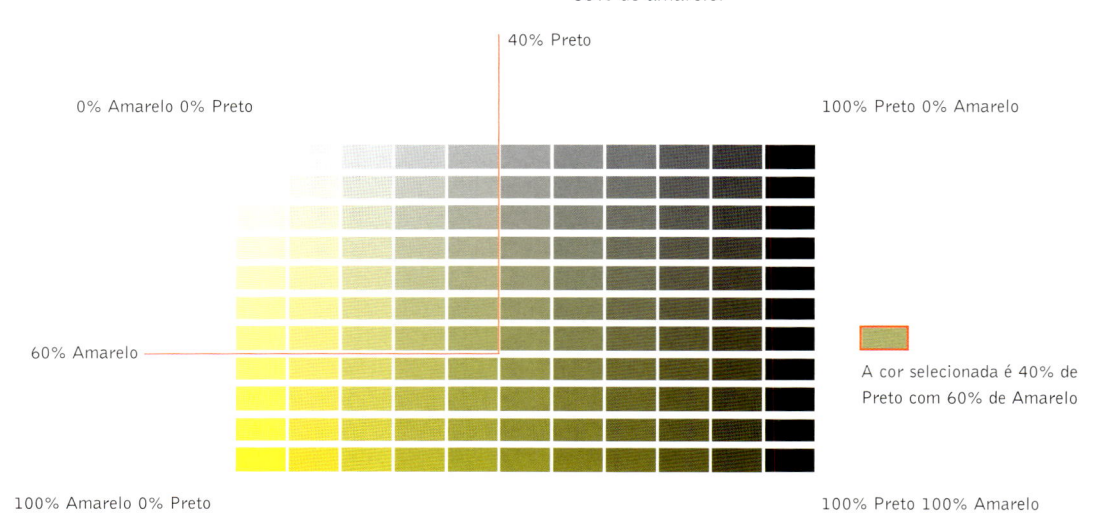

40% Preto

0% Amarelo 0% Preto   100% Preto 0% Amarelo

60% Amarelo

A cor selecionada é 40% de Preto com 60% de Amarelo

100% Amarelo 0% Preto   100% Preto 100% Amarelo

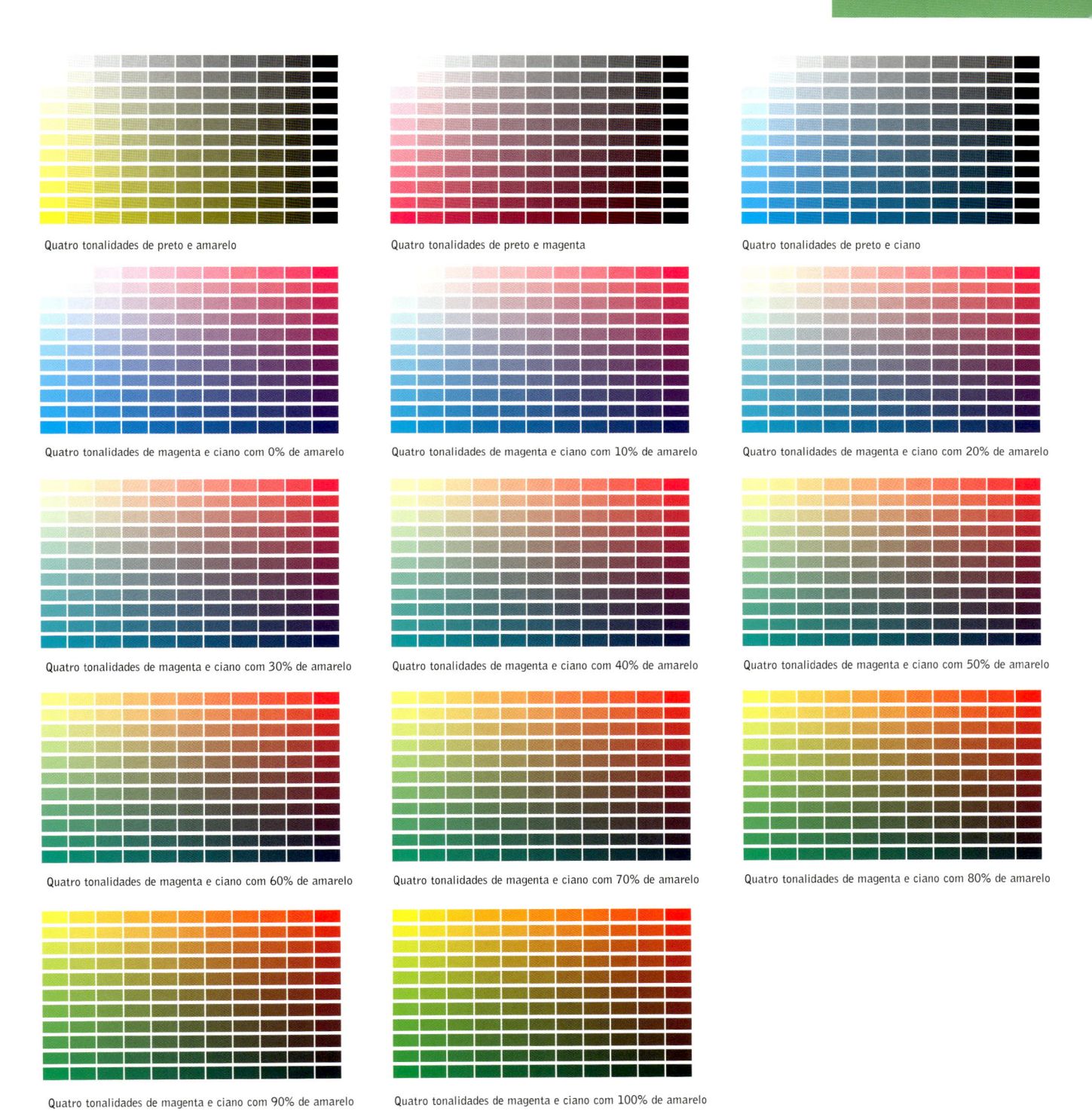

« Litografia e impressão direta à chapa (CTP)   **Quadricromia – tonalidades**   Impressão da borda externa »   **Acabamento de impressão**

Quatro tonalidades de preto e amarelo

Quatro tonalidades de preto e magenta

Quatro tonalidades de preto e ciano

Quatro tonalidades de magenta e ciano com 0% de amarelo

Quatro tonalidades de magenta e ciano com 10% de amarelo

Quatro tonalidades de magenta e ciano com 20% de amarelo

Quatro tonalidades de magenta e ciano com 30% de amarelo

Quatro tonalidades de magenta e ciano com 40% de amarelo

Quatro tonalidades de magenta e ciano com 50% de amarelo

Quatro tonalidades de magenta e ciano com 60% de amarelo

Quatro tonalidades de magenta e ciano com 70% de amarelo

Quatro tonalidades de magenta e ciano com 80% de amarelo

Quatro tonalidades de magenta e ciano com 90% de amarelo

Quatro tonalidades de magenta e ciano com 100% de amarelo

Técnicas adicionais

Diversas técnicas podem ser utilizadas para ajustar e corrigir o resultado de uma impressão para produzir diferentes efeitos, como o trapping ou a impressão sobreposta (overprint).

Trapping

Trapping é o ajuste das áreas do texto ou formas coloridas para corrigir o erro de registro na chapa de impressão mediante uma leve sobreposição. Isso é necessário porque os pontos de meio-tom que compõem imagens impressas se sobrepõem, já que eles têm tamanhos diversos e diferentes ângulos de retícula. As cores são sobrepostas a fim de evitar o aparecimento de filetes em branco no espaço em que deveriam se encontrar. Esse processo, no entanto, não é necessário para imagens fotográficas.

Isso também evita que cores indesejadas sejam formadas quando as cores se sobrepõem acidentalmente. O trapping depende de quão seca está a camada de tinta original e da espessura da película de tinta das demais camadas impressas por cima. Ele normalmente é criado com a cor mais clara, por espalhamento (ampliação) ou obstrução (redução) nas cores mais escuras a fim de combiná-las na área onde se encontram.

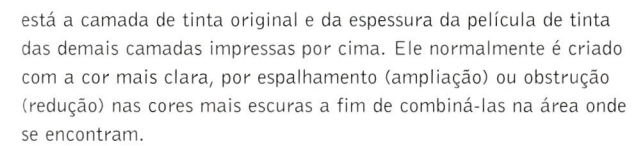

O trapping é importante em um texto na cor preta porque, normalmente, a finura do tipo torna difícil estabelecer seu registro com as cores adjacentes. Se o trapping for utilizado de modo correto, o preto irá sobreimprimir a área adjacente. O trapping é utilizado na cor preta e em cores muito escuras, uma vez que a mudança nas cores é quase imperceptível.

Todos os itens vazam

Todos os itens são sobreimpressos

Sobreimpressão

Ocorre quando a tinta se sobreimprime a outra durante o processo de impressão para criar uma cor diferente. A sobreimpressão pode produzir efeitos criativos e estender as opções de cor quando se imprime com uma gama limitada de tintas, por exemplo, com duas cores. As ilustrações acima mostram a impressão de cores sem a sobreimpressão (acima, à esquerda) e com a sobreimpressão (acima, à direita). Observe como se criam novas cores quando são sobreimpressas. De acordo com a teoria das cores, os pares sobreimpressos de três cores primárias subtrativas CMY produzem primárias aditivas. Para sobreimprimir de forma efetiva, o designer precisa ter em mente a ordem de cores no processo de impressão. Se a ordem de impressão for ciano, magenta, amarelo e preto, o amarelo, obviamente, não poderá ser sobreimpresso pelo ciano, por exemplo. Os pretos com tons e intensidades diferentes podem ser atingidos pela sobreimpressão.

Preto composto e calço

Quando o preto não é preto? O preto é uma cor que nem sempre é o que parece quando reproduzida pelo processo de impressão em quatro cores. Embora essa cor possa ser excelente para criar um bom tom de sombra nas imagens coloridas, quando utilizada individualmente parece pálida e lavada. Onde há grandes áreas de cor preta em um projeto a ser impresso em quatro cores, muitas vezes é recomendável usar um calço de ciano. Um calço costuma ser uma área de ciano a 50% ou 60% por baixo do preto que ajuda a aprimorar a densidade e a saturação visual. O ciano é a melhor opção entre as três cores do processo para usar como um calço, uma vez que o amarelo e o magenta resultam em um preto que parece artificialmente quente ou turvo.

A cor preta desempenha um papel importante no problema dos bouncers. Bounce é um problema de registro que pode ser evitado com o uso de um preto 100% que também contenha valores de ciano, magenta e amarelo. Um preto de quatro cores é muito mais rico, como mostrado acima, e ter pelo menos uma cor compartilhada entre os objetos adjacentes torna os erros de registro menos perceptíveis.

« Litografia e impressão direta à chapa (CTP)   **Quadricromia – tonalidades**   Impressão da borda externa »

Acabamento de impressão

A Fusion in Print
Through our expertise
in print and pre-press
services, we work
with designers to
create effective and
challenging print.

To find out more
about Team, contact
Simon Bucktrout
on 0790 049 3690
or email simon@
team-impression.com

Team Impression
Fusion House
1 Lockwood Close
Leeds LS11 5UU

0113 272 4800 Ph
0113 272 4801 Fx
0113 272 4807 ISDN

Team ←

Este pôster para a Team Impression, uma gráfica em Leeds, utiliza a sobreimpressão de pontos grandes de ciano, magenta e amarelo. O ponto é a representação do processo de impressão em quatro cores.

Design: Design Project

impressão da borda externa

Ao considerar uma impressão, a tendência é pensar na tinta aplicada na face de uma folha de papel. A impressão da borda externa, ou corte, repensa essa ideia ao imprimir na lateral de um livro. Esse processo criativo maximiza o impacto, pois usa um espaço que normalmente não é considerado ou valorizado. Outra peculiaridade desse tipo de impressão é que ele altera a visão do leitor e dos fãs de livros. Existem duas formas de atingir esse efeito. A primeira é imprimir as páginas principais de texto, encaderná-las e então imprimir diretamente o bloco de texto. A segunda é fazer a impressão sangrar da margem da página, o que dará o efeito de impressão na margem externa. O livro abaixo, por exemplo, utiliza um bloco de cor no canto superior direito, agindo como um índice.

Made You Look ↓
O estúdio de design nova-iorquino Sagmeister Inc. optou por colocar um pastor alemão como o protagonista da capa de um livro intitulado *Made You Look*. O livro tem duas imagens impressas ao longo da borda dianteira que só são reveladas quando o livro é flexionado. Quando flexionado em uma direção, o título do livro aparece; em outra, o cão recebe algo para comer.

Design: Sagmeister Inc

« Quadricromia – tonalidades **Impressão da borda externa** Serigrafia »   **Acabamento de impressão**

American Photography 15 → ↓

O estúdio Sagmeister Inc. utilizou um conceito parecido no design de um livro sobre a fotografia americana criado para a Amilus Inc. A única imagem reconhecível na superfície externa do livro é a paisagem revelada na flexão das páginas. A imagem curiosa na capa (à direita) leva a manipulação de imagens ao extremo. Ela contém versões compactas de todas as fotografias no livro.

Design: Sagmeister Inc

serigrafia

A serigrafia é um método de impressão de pouco volume em que uma tinta viscosa passa através de uma tela que contém um design em um substrato. A tela é feita de seda ou fibra sintética e dá suporte a um estêncil contendo uma imagem para ser impressa em praticamente qualquer superfície. As tintas viscosas utilizadas conferem um elemento tátil ao design. A serigrafia não se restringe ao processo de quatro cores de litografia offset, e pode ser aplicada com cores especiais em um design, incluindo tinta branca. A qualidade da tela de impressão é afetada por dois fatores: contagem de fios e tipo de malha. A contagem de fios se refere ao número de fios por polegada na tela. Quanto menor a contagem, menor o suporte para detalhes e mais pesado é o acúmulo de tinta. O tipo de malha se refere à espessura do fio, que influencia o peso da película de tinta. Existem quatro tipos: S, M, T e HD. S é o mais fino, tendo de 50 a 70% de área aberta, o HD é o mais pesado, tendo de 20 a 35% de área aberta.

O equipamento básico para a serigrafia é: tinta viscosa, espátula e rodo que seja assentado à tela e que seja apoiado por uma moldura de madeira.

O design é cortado e colocado na tela para que a tinta passe através dessa tela e pelas áreas com imagem do design. A tinta é aplicada à tela com uma espátula e espalhada através dela. O rodo é puxado a partir da parte de cima da moldura, pressionando a tela até a parte inferior da moldura com peso contínuo empurrando a tinta através da tela e do design, atingindo o substrato.

« Impressão da borda externa   **Serigrafia**   Tipografia »   **Acabamento de impressão**

Haçienda ↑ →

O estúdio 8vo utilizou uma intrigante variedade de estilos de fonte sobre uma forma amarela amorfa para o pôster do sétimo aniversário da lendária casa noturna Haçienda, em Manchester. A marca Haçienda é tão conhecida que poucas informações precisaram ser fornecidas além da data. A própria marca, reduzida às suas três primeiras letras facilmente identificáveis, "Haç", estende-se por todo o pôster e se sobrepõe ao texto Fac 51, outra marca famosa do clube (da gravadora Factory 51). Várias tintas especiais, incluindo uma fosforescente, foram utilizadas para criar um pôster que funciona de modo eficaz durante a madrugada – horário em que o público-alvo deve vê-lo!

Design: 8vo

tipografia

A impressão tipográfica é um processo em que uma superfície entintada em alto-relevo é pressionada contra o papel. Foi o primeiro método de impressão comercial e é a origem de muitos termos na área de impressão. A superfície em alto-relevo que realiza a impressão geralmente é composta de tipos individuais, mas chapas fotogravadas também podem ser utilizadas. A tipografia é caracterizada pelas bordas nítidas e precisas das letras e pela margem de tinta mais densa.

Certo defeito da tipografia atrai bastante os designers modernos. Quando os tipos são entintados de forma incorreta, aparecem ranhuras nas letras, o que lhes dá uma singularidade, tornando cada impressão sutilmente diferente. Isso pode ser visto nos cartões abaixo, impressos pela Forme London para a Royal Academy of Arts.

Royal Academy of Arts ↓
Esse defeito pode ser usado para evocar a nostalgia dos velhos tempos. Os pôsteres inspirados no circo para a Royal Academy of Arts, criados pelo estúdio Abbott Mead Vickers BBDO, foram compostos e impressos pela Forme London utilizando uma combinação eclética de fontes originais de madeira.

Design: Abbott Mead Vickers BBDO

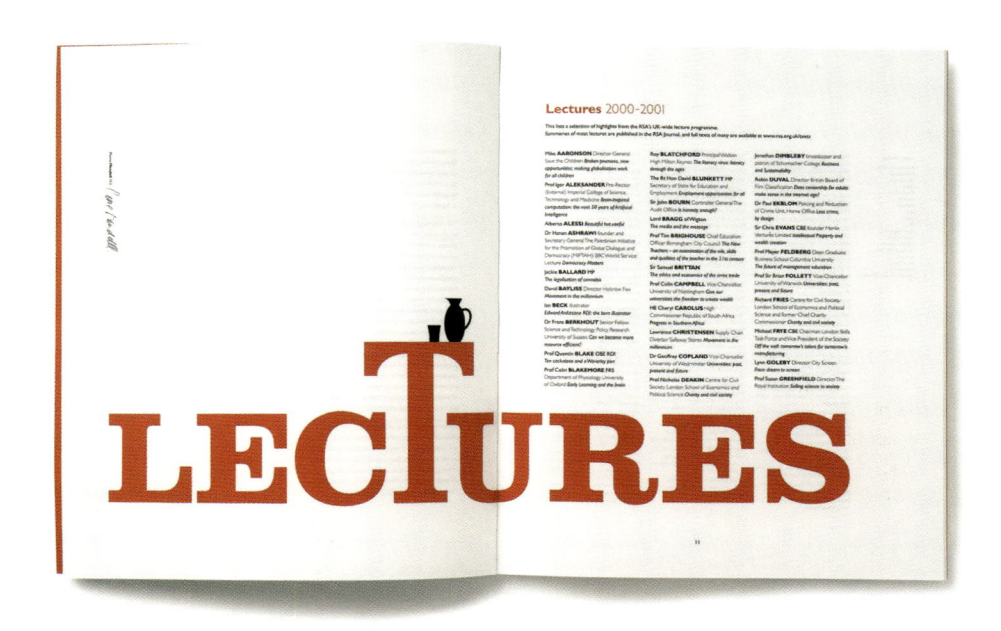

« Serigrafia   **Tipografia**   Composição tipográfica a quente »   **Acabamento de impressão**

RSA

O layout do relatório anual para a Royal Society of Arts (RSA) é deliberadamente simplificado e facilmente acessível para seu público-alvo. Era importante que o relatório não parecesse corporativo demais nem desse a impressão de que a organização necessitava de patrocínio. O resultado é sucinto, despojado e eloquente. O uso de impressão tipográfica manual, frequentemente usada como ilustração, acrescenta uma camada de informação e textura.

Design: Atelier Works

4th Estate ↑ ↗

Um exemplo expressivo da mistura de corpos de tipos e de impressão tipográfica pode ser visto no catálogo da 4th Estate. O catálogo utiliza fonte sem serifa em maiúscula ou capitulares – a escala e as linhas limpas dos caracteres servem para dividir e organizar a página. O tipo é utilizado como um dispositivo organizacional, ao mesmo tempo em que desempenha um papel de textura. Na imagem abaixo, é possível ler o texto, mas isso requer algum esforço já que as palavras estão posicionadas em direções diferentes. Esse é um paradoxo produzido de forma deliberada, porque nessa página há um sumário.

Design: Frost Design

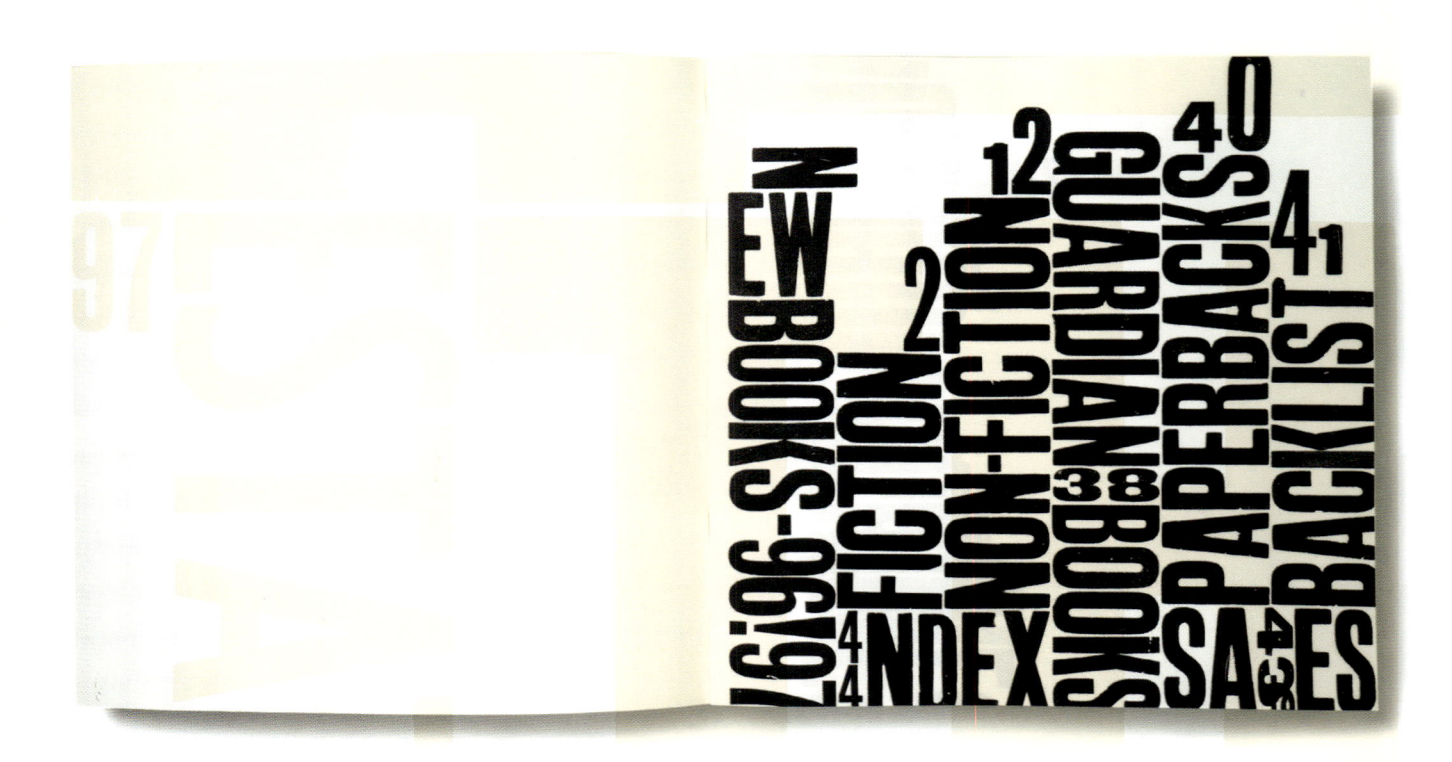

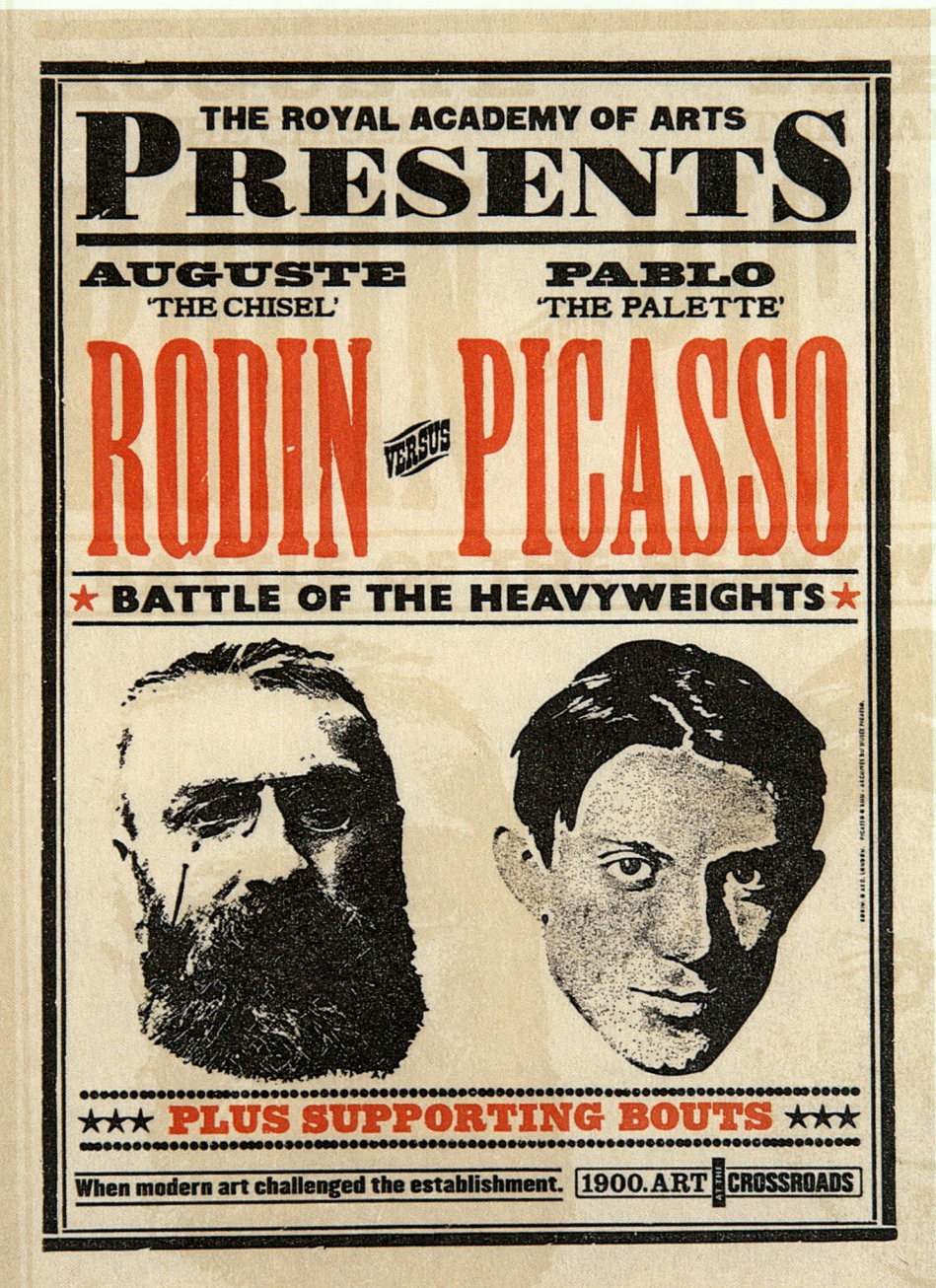

« Serigrafia **Tipografia** Composição tipográfica a quente »   **Acabamento de impressão**

The Royal Academy of Arts
←

Este convite mostra a beleza das formas tipográficas. Os tipos, reunidos na forma de um cartaz do século XVIII, foram retirados de uma grande coleção de tipos em madeira.

Design: Abbott Mead Vickers • BBDO, impresso por Forme London

composição tipográfica a quente

Composição a quente, também conhecida pelas suas diversas variáveis — linotipo, monotipo, intertipo etc. —, é o processo de moldar o texto em linhas de metal fundido. O texto é digitado em uma máquina para produzir uma fita de papel perfurada que controla os caracteres moldados pela máquina de moldagem. A composição a quente permitiu criar grandes quantidades de texto a um custo relativamente baixo.

Tipo móvel
O tipo móvel foi o avanço seguinte às primeiras prensas de impressão que utilizavam um bloco de madeira entalhado com o texto. Isso aumentou a velocidade da produção de páginas individuais, mas exigia que um novo bloco fosse entalhado para cada página. No método tipográfico que utiliza tipos móveis, os tipos funcionam como unidades que são reunidas em um bloco e então impressas. Como os caracteres são móveis, podem ser usados repetidas vezes.

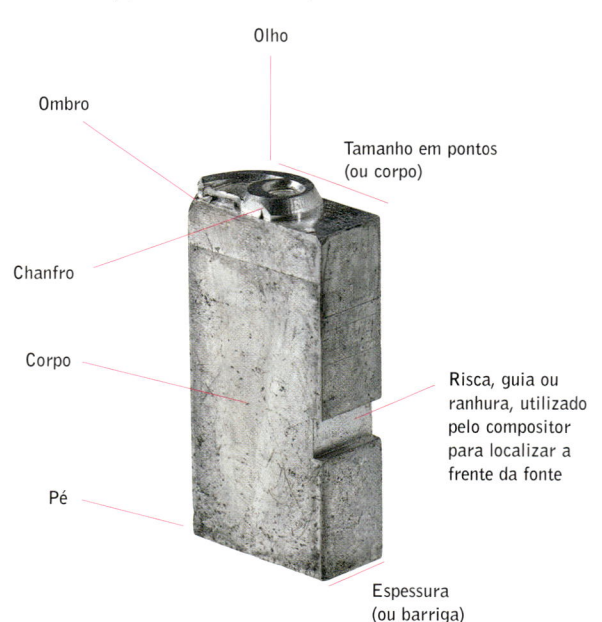

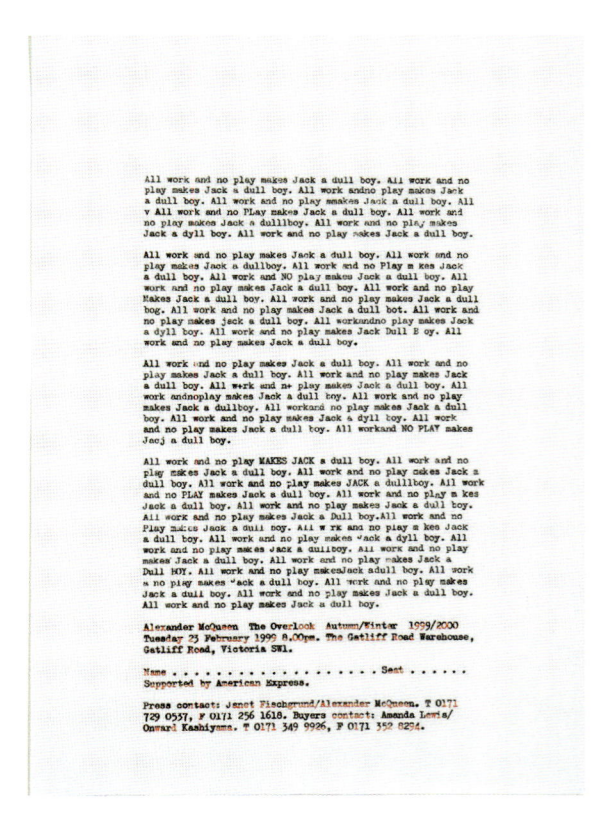

- Olho
- Ombro
- Tamanho em pontos (ou corpo)
- Chanfro
- Corpo
- Risca, guia ou ranhura, utilizado pelo compositor para localizar a frente da fonte
- Pé
- Espessura (ou barriga)

Alexander McQueen ↑
Alexander McQueen se inspirou no filme de Stanley Kubrick *O Iluminado* para um desfile de modas e desenvolveu um convite de acordo. A impressão tipográfica foi utilizada para criar um relevo no suporte, dando a impressão de que cada convite foi digitado individualmente em uma máquina de escrever. O convite é inspirado na cena "Muito trabalho e pouca diversão fazem de Jack um bobão".
Design: Studio Myerscough, impresso por Forme London

« Tipografia   **Composição tipografia a quente**   Vernizes »   **Acabamento de impressão**

And now for something completely different...

Funny thing, comedy. As soft as Charlie Chaplin fluttering his lovelorn lashes, as brutal as the Three Stooges poking each other's eyes out. As daft as Mr Bean, as deft as Groucho Marx's verbal napalming of the monumentally fireproof Margaret Dumont. A curious art indeed, to amplify and project images of our weakness and wonderfulness and have us love it. We laugh; and as Herman Melville's Billy Budd said, laughter is good.

Morgan Stanley Dean Witter ↑ ↓

Estas peças de mala-direta utilizam a tipografia pura, simples, combinando um cabeçalho sem serifa e um texto mais caracterizado totalmente composto a quente. Isso produz um recuo rebaixamento profundo no papel.

Design: E-Fact, impresso por Forme London

Peace, love and understanding

For France it was Joan of Arc, for Latin America Simon Bolivar, for Cuba... well, you know. But in India, it was a frail, wire-spectacled law graduate of University College, London. Not at all your standard hero-liberator; yet somehow the fate of the entire Indian subcontinent became synonymous with one gentle, iron-willed man and his one great idea – ahimsa, or non-violence.

The greatest

As popular icons come, he created a category all of his own – not only the supreme artist in the history of his chosen sport but also a spokesman for the underprivileged and downtrodden of America and the world. His great idea was not just to float like a butterfly and sting like a bee; it was to stand tall, believe in himself and punch above his weight. In every sense.

vernizes

Verniz é um revestimento incolor aplicado a uma impressão para evitar o desgaste e as manchas em um substrato. Aplicado como uma cor especial, o verniz também pode melhorar a aparência de um design ou de elementos que se encontram dentro dele. Diversos vernizes estão disponíveis – existem os que produzem acabamento brilhante, acetinado ou mate. Embora não seja exatamente um verniz, o revestimento UV também pode ser adicionado como toque decorativo em uma impressão.

Verniz de reserva
O verniz de reserva é líquido e serve tanto para proteger um suporte impresso quanto para realçar sua aparência. Ele pode ser aplicado à página inteira ou a partes específicas por meio de uma chapa de impressão separada (ver páginas 161, 164, 165, 168, 169, 172, 173, 176).

Brilho
Um verniz de brilho reflete a luz e é muitas vezes utilizado para melhorar a aparência de fotografias e outros elementos gráficos em brochuras, já que aumenta a nitidez e a saturação das imagens.

Mate
Normalmente é utilizado com páginas de texto pesadas para difundir a luz, diminuir o brilho e aumentar a legibilidade. Ele dá um acabamento não brilhante e suave à impressão.

Acetinado (seda)
Opção intermediária entre o brilho e o mate. Esse verniz oferece algum destaque, mas não é tão plano como o acabamento mate.

Neutro
Aplicação de revestimento básico, quase invisível, que veda a tinta da impressão sem afetar a aparência do trabalho. Muitas vezes, esse verniz é utilizado para acelerar o processo de secagem de trabalhos de impressão rápida (como folhetos) em papéis mate ou cetim sobre os quais as tintas secam mais lentamente.

Verniz UV
Líquido branco que é aplicado como uma tinta e seco com luz ultravioleta. Esse verniz pode oferecer revestimento de brilho ou mate. Cada vez mais o verniz UV está sendo utilizado como ponto de cobertura para destacar uma imagem específica, porque ele oferece mais brilho do que simplesmente um revestimento.

UV sangrado
Tipo mais comum de revestimento total UV para produzir um efeito de alto brilho.

UV local texturizado
Texturas podem ser criadas com verniz UV local, oferecendo uma qualidade tátil adicional à impressão.

Perolado
Verniz que reflete sutilmente várias cores para dar um efeito de luxo.

« Composição tipográfica a quente   **Vernizes**   Acabamento físico »   **Acabamento de impressão**

Fotografia em quatro cores

Fotografia em quatro cores com verniz de reserva

Imagem monocromática

Imagem monocromática com 60% de calço e verniz de reserva

O verniz não precisa ser aplicado em toda a imagem. Muitas vezes, ele é aplicado para destacar áreas específicas de um design. Note como a aplicação discreta de um verniz pode ajudar um elemento a se destacar, como a figura abaixo.

Imagem monocromática

Imagem monocromática com verniz de reserva

acabamento físico

Designers podem utilizar diversas técnicas de acabamento de impressão para alterar a aparência e a forma de um suporte sem realmente precisar imprimir sobre ele. Esses processos modificam fisicamente a forma do suporte para criar efeitos visuais e texturas diferentes.

Relevo seco
Um design é estampado em um substrato para produzir um alto-relevo decorativo na superfície do papel usando um clichê de metal para estampar a imagem. A gravação em baixo-relevo deixa uma rebaixamento na superfície. Suportes de calibre fino mantém linhas finas mas podem rasgar; suportes com calibre espesso são mais robustos, mas podem perder detalhes mais delicados. Designs com relevo normalmente têm um tamanho ligeiramente maior, com linhas mais pesadas e espaço extra, diferente do que seria utilizado se fossem impressos.

Empastamento
Empastamento é a união de dois suportes para formar um único substrato com cores ou texturas diferentes em cada lado.

Picote
Picote ou "corte perfurado" é um processo que cria uma área de corte no suporte que o enfraquece de forma que pode ser destacada; também pode ser utilizado para criar um efeito decorativo.

Termografia
Processo de impressão utilizado para produzir letras em alto-relevo pela fusão térmica em um design. A termografia dá uma superfície borbulhante manchada que é muito visível, tátil e reflexiva.

Corte e vinco
Processo de acabamento de impressão que corta parte do substrato utilizando uma matriz de aço. O corte e vinco é muito utilizado para fins de decoração, para melhorar o impacto visual de um design pela criação de formas interessantes.

Hot stamping
Processo de impressão em que uma fita metálica colorida é pressionada contra o suporte com uma matriz aquecida. Também chamado de "estampagem laminada a quente", "estampagem a quente" ou "estampagem em alto-relevo", o processo permite que um designer dê um acabamento brilhante a elementos específicos do design, como o título, por exemplo. Diversas cores estão disponíveis, inclusive as metálicas.

Fedrigoni ← →

Este é um calendário de mesa promocional para um fornecedor de papéis de impressão italiano. O calendário é impresso em uma série de cartões coloridos, de 250-800 mícron. A capa externa utiliza um verniz preto e um papel preto sem revestimento.

Design: Design Project

« Vernizes   **Acabamento físico**   Dobra, dobra paralela e dobra-janela »   **Acabamento de impressão**

dobra, dobra paralela e dobra-janela

Métodos diferentes de dobragem podem ser utilizados para produzir diferentes estruturas na peça final; os métodos incluem o uso das dobras montanha e vale, que usam dobras alternativas em direções opostas para criar uma série de altos e baixos. Cada método requer um plano de imposição diferente, de forma que as páginas sejam impressas em uma ordem que mantenha a sequência quando as folhas forem dobradas.

Keith Haring ← ↓

Este pôster utiliza a característica de vales e de montanhas da dobra-sanfona. Note como isso cria painéis que podem ser utilizados para posicionar e organizar a apresentação do texto (à esquerda).

Design: Frost Design

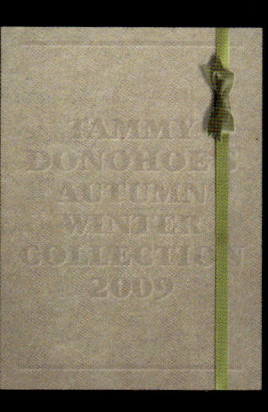

« Acabamento físico   **Dobra, dobra paralela e dobra-janela**   Encadernação »   **Acabamento de impressão**

Tammy Donohoe ↑ ↘

Este catálogo apresenta uma dobra, parecida com a dobra da página 175, com a diferença de as páginas se estenderem verticalmente e não horizontalmente. As dobras permitem a apresentação de imagens grandes em orientação retrato, o que distingue a publicação de outras brochuras.

Design: Dorian Design

John Virtue ←

Catálogo de 16 páginas em dobra-sanfona para a exposição de John Virtue, com pinturas reproduzidas de modo proporcional, permitindo que o leitor construa uma galeria em miniatura.

Design: Studio AS

« Acabamento físico **Dobra, dobra parelala e dobra-janela** Encadernação »   **Acabamento de impressão**

Dobra paralela e dobra-janela
Dobra paralela e dobra-janela são métodos utilizados para a inserção de páginas grandes e/ou extras na publicação, normalmente para dar um espaço extra para mostrar uma imagem específica ou um elemento visual.

Dobra paralela
A dobra paralela é a metade de uma dobra-janela – é uma folha dobrada para formar uma publicação que se abre apenas para um lado. Ao abrir uma dobra paralela, um painel extra se estende horizontalmente.

Dobra para cima/para baixo
A dobra para cima é uma folha dobrada em uma publicação que se abre verticalmente, para cima ou para baixo.

Dobra-janela
Folha dobrada mostrando quatro painéis que se torna uma publicação, de modo que os painéis da direita e da esquerda são dobrados em uma lombada com dobras paralelas. É utilizada em revistas para dar espaço extra e é especialmente útil para mostrar imagens com vista panorâmica. Os painéis centrais têm as mesmas dimensões das páginas da publicação, enquanto os painéis externos são ligeiramente mais estreitos para permitir que sejam dobrados. As dobras-janela são normalmente numeradas com letras a partir da página que começam, por exemplo, 32a, 32b, 32c e 32d, ou podem ser numeradas sequencialmente com as páginas.

Tamanho do papel
As páginas dobradas, as dobras-janela e a última página da dobra-sanfona muitas vezes são mais curtas para que possam ser dobradas para dentro da lombada da publicação.

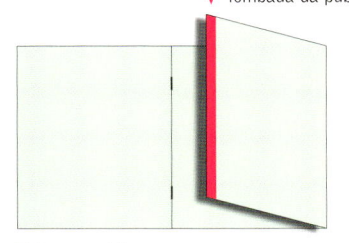

Dobra paralela

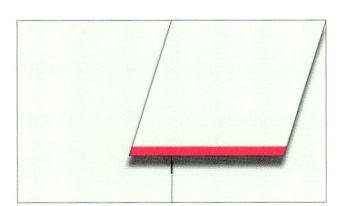

Dobra vertical

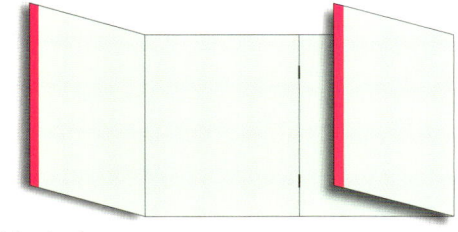

Dobra-janela

Elisabeth Frink ↑
Este catálogo utiliza dobras-janela para dar um espaço extra e destacar as obras de arte – aqui, a dobra dupla mostra esculturas de Elisabeth Frink.

Design: Studio AS

encadernação

A encadernação é um processo de acabamento que assegura que as páginas do trabalho sejam mantidas juntas de forma segura para que funcionem como uma publicação. Diversos tipos de encadernação estão disponíveis, e eles têm diferentes durabilidades, estéticas, custos e características funcionais. Os métodos de encadernação podem permitir que páginas sejam dispostas de forma plana ou não.

Lombada quadrada
As partes de trás das seções são removidas e unidas com um adesivo flexível, que também une a lombada à capa, e a margem externa é aparada de forma plana. Normalmente é utilizada para brochuras.

Grampeamento a cavalo
As lâminas impressas são aninhadas e unidas com grampos de arame aplicados ao longo da lombada fixados pela dobra central.

Autoencadernação
Determinadas publicações podem parecer encadernadas quando, na verdade, o único processo de acabamento de impressão utilizado foi a dobragem. Essas publicações são chamadas de autoencadernadas, já que o leitor pode manualmente reencadernar as páginas da publicação após usá-la, dobrando-a novamente (como mapas e folhetos).

Brochura costurada
Uma encadernação com linha na qual a capa é costurada ao corpo do livro com as costuras expostas na capa. A brochura costurada pode fornecer um toque decorativo a uma publicação, já que a linha está disponível em muitas espessuras e cores e pode ser costurada em padrões variados.

Encadernação em capa dura
Método comum de encadernação para livros de capa dura que costura os cadernos juntos, nivela a lombada e aplica guardas, cabeça e charneira à lombada. Capas duras são colocadas, a lombada normalmente é arredondada e os sulcos ao longo da margem interna da capa funcionam como dobradiças.

Canadense
Publicação em espiral com uma sobrecapa e uma lombada fechada. Uma sobrecapa completa é uma canadense cheia e uma sobrecapa parcial é metade canadense.

Encadernação aberta
Em uma encadernação aberta, é possível ver os cadernos como na encadernação em capa dura, mas o livro fica sem capa de modo que a costura fica exposta.

Encadernação Z
Publicação produzida em duas seções, que são unidas por um capa de três painéis que separam a publicação em duas partes. Cada parte divide o painel do meio da capa.

Pedro García →
O estúdio Clase, de Barcelona, criou o catálogo para a coleção de calçados de 2003 de Pedro García. Foi utilizado um papel-cartão com espessura suficiente para aceitar um baixo-relevo denso. O imediatismo da embalagem tipo mostruário é comunicado utilizando um simples parafuso para fixação, indicando que o conteúdo é recente e feito sob medida.

Design: Clase

« Dobra, dobra paralela e dobra-janela   **Encadernação**   Impressão efêmera / Composição com tipos de madeira »   Acabamento de impressão

Hartovasilion Bookstore ←

Esta é uma série de sous-plats (ou toalhas de mesa descartáveis) que são perfeitamente coladas ao longo da margem superior. Elas contêm 60 designs diferentes por "livro". Esta maneira de encadernar é uma solução simples e eficaz para o problema da rápida reposição em restaurantes. O design energético também apela para o senso de humor do jantar e oferece um ponto de comunicação na mesa.

Design: Mouse Graphics

Impressão efêmera / Composição com tipos de madeira

Exercício 1 – Impressão efêmera

Premissa
Estamos rodeados por impressões efêmeras. Nós manuseamos, usamos e interagimos com itens impressos todos os dias, e geralmente não sabemos como eles são impressos ou construídos. A maioria dos designers, com o tempo, desenvolve uma coleção de itens, uma biblioteca de efermidades que eles utilizam como referência.

Exercício
Utilizando uma lupa, colete e examine o maior conjunto de itens impressos que conseguir encontrar. Esse conjunto pode incluir, entre outros itens, mala-direta, convites, livros, selos e embalagens.

Resultado
Produza uma visualização das suas descobertas. Você pode apresentar, por exemplo, uma divisão entre os métodos de impressão e de acabamento utilizados nos itens que você coletou.

Objetivo
Motivar uma apreciação mais cuidadosa dos itens impressos que utilizamos no dia a dia.

Lupa ←
Um conta-fios é utilizado para procurar itens impressos com detalhe. O conta-fios age como uma lente de aumento, permitindo que vejamos como um item é impresso.

« Encadernação   **Impressão efêmera / Composição com tipos de madeira**   **Acabamento de impressão**

Taco ← ↓

Formas de letras em taco podem ser compradas por um preço muito baixo e oferecem uma forma fácil de criar formas tipográficas interessantes.

Exercício 2 – Composição com tipos de madeira

Premissa
Nos acostumamos a ajustar o tamanho de um ponto, de uma cor, de uma fonte e de outros aspectos do design no computador de modo que o design pareça aquilo que queremos que ele pareça. A capacidade de alterar facilmente a tipografia faz com que esqueçamos que existe uma história extensiva sobre o desenvolvimento das formas tipográficas e técnicas de impressão de onde tirar inspiração.

Exercício
Conjuntos de letras para impressão em blocos de madeira ou borracha podem ser comprados por um preço muito baixo. Utilizando um conjunto desses, faça o design e imprima um flyer para um evento, por exemplo, um convite para uma festa. Varie a quantidade de tinta, a pressão e a frequência de tinta utilizada.

Resultado
Sem modificar o design, produza várias cópias do flyer – cada um com uma aparência diferente e sentimento obtido exclusivamente por meio do processo de impressão.

Objetivo
Ver como aspectos variados, como a quantidade, a pressão e a frequência de tinta, afetam o resultado do design e mudam seu impacto visual.

glossário

Altura-x
Altura das letras minúsculas, como o "x" sem ascendentes ou descendentes.

Ângulo de retícula
Ângulos relativos das retículas em meio-tom na reprodução do processo de quatro cores para evitar padrões de moiré.

Ascendente
Parte de uma letra minúscula que se estende acima da altura x de uma fonte.

Baixo-relevo
Como o alto-relevo, mas rebaixado no suporte.

Bitmap
Imagem composta de pontos.

Bojo
A parte curva de um caractere.

Boneco
Layout provisório que mostra a maneira como ilustrações e textos aparecerão versão final.

Calha ou goteira
Espaço que compreende a lombada externa, ou lombada externa no corte da página, paralelà à lombada e ao refile.A parte central onde duas páginas se encontram na espinha e o espaço entre as colunas de um texto também são chamadas de espaço entre colunas.

Capitular rebaixada
A grande letra inicial no começo de um parágrafo que abrange linhas do texto abaixo.

Caractere
Elemento individual da fonte como uma letra ou sinal de pontuação.

Ciano
Uma tonalidade de azul, uma das primárias subtrativas utilizadas na impressão em quatro cores.

CMYK
Ciano, magenta, amarelo e preto (cyan, magenta, yellow e black), as cores primárias subtrativas e as quatro cores de processo.

Contraste
Nível de separação da tonalidade entre a cor branca e preta.

Cor especial
Cor especialmente misturada.

Cor fria
Verde, azul e outras cores com uma tonalidade verde ou azul.

Cores de processo
Primárias subtrativas: ciano, magenta, amarelo e preto utilizadas no processo de reprodução a cores.

Cores primárias
Vermelho, verde e azul, as cores primárias da luz, também chamadas primárias aditivas.

Corpo do texto
O conteúdo que forma o texto principal de um livro impresso.

Corpo do tipo
O tamanho do tipo, medido em pontos entre a parte inferior de um descendente e a parte superior de um ascendente.

Corte (crop)
Corte de partes indesejáveis de uma fotografia ou ilustração.

Corte e vinco
Formas especiais cortadas em um suporte por um molde de aço.

Croma
Pureza ou intensidade de uma cor.

Descendente
Parte de uma letra minúscula que se estende abaixo da linha de base.

Dobra-janela
Duas ou mais dobras paralelas que se abrem como uma janela.

Dobra-sanfona
Método de dobra de papel em que cada dobra é posicionada em direção oposta à anterior para obter um resultado plissado.

DPI (Dots Per Inch – Pontos por polegada)
A resolução de uma imagem na tela ou em uma página impressa.

Duotone
Reprodução em duas cores de um original monocromático.

Eme
Unidade de medida derivada da largura do corpo quadrado do molde do M maiúsculo. Um eme é igual ao corpo de uma dada fonte, isto é, o eme do tipo de 10 pontos tem 10 pontos.

Encadernação em lombada canoa (grampo à cavalo)
Encadernação que utiliza grampos para fixar as páginas dobradas.

Ene
Unidade de medida igual à metade do eme.

Entrelinha
Espaço vertical entre as linhas de um texto medido em pontos.

EPS (Encapsulated PostScript)
Formato de arquivo para armazenar imagens vetoriais, ou baseadas em objetos, e bitmaps. Arquivos EPS podem ser redimensionados e distorcidos, e suas cores podem ser separadas, mas em geral não é possível alterar seu conteúdo.

Escala de cinzas
Escala tonal que permite a um impressor verificar a reprodução de tons.

Família
Série de fontes que compartilham características de design comuns, mas com diferentes tamanhos e pesos.

Filete
Linha adicionada para dar ênfase.

Filme do preto
Filme que imprime preto no processo de separação de cores.

Fonte
Atributos físicos necessários para criar uma família de tipos, sejam eles película, metal, madeira ou informações PostScript.

Formato
Tamanho/proporções de um livro ou página.

Formato RIA de papéis
Tamanhos não cortados de papéis em uma série de tamanhos padrão internacionais.

Formato SRA de papéis
Tamanhos não cortados para sangria em papéis em uma série de tamanhos padrão internacionais.

Formatos de papel internacionais (ISO)
Um conjunto de tamanhos padronizados para papéis.

Ganho de ponto
Espalhamento e ampliação de pontos de tinta sobre o papel.

GIF (Graphic Interchange Format)
Formato de armazenamento adequado para imagens com áreas sólidas de cor, como texto e logos.

Grid
Guia ou modelo que ajuda no desenvolvimento de um design consistente.

Grid de linhas de base
Base gráfica sobre a qual um design é construído.

Haste
Traço vertical mais proeminente, ou o mais próximo à vertical, em um caractere.

Hot stamping
Estampa pressionada contra um suporte utilizando calor e pressão. Também conhecido como estampagem laminada a quente, estampagem a quente, estampagem, impressão de bloco ou estampagem em alto-relevo.

Imposição
Arranjo das páginas na sequência e posição em que elas aparecerão quando impressas antes de serem cortadas, dobradas e refiladas.

Glossário

Impressão em quatro cores (quadricromia)
Método de impressão em cores que usa separação de cores e tintas CMYK.

Impressão em tela
Impressão direta de um design na superfície do suporte, utilizando tinta.

Itálico
Variedade inclinada de uma família tipográfica geralmente usada para ênfase.

JPEG (Joint Photographic Experts Group)
Formato de arquivo para armazenar imagens fotográficas. Contém informações de cores de 24 bits, isto é, 6,7 milhões de cores, utilizando compactação para descartar informações de imagem. Conveniente para imagens com degradês complexos, mas não para cores chapadas.

Justificação
Formatação para espacejamento uniforme das linhas do texto com uma largura fixa.

Kerning
Remoção do espaço indesejável entre as letras.

Largura da coluna
Largura de um bloco de texto.

Layout
Posicionamento do texto e das imagens para dar a aparência geral de uma página impressa.

Ligaturas
Caracteres unidos. Ligaturas comuns são: fi, fl, ffi, ffl, e ff, e também os pares de vogais ae e oe.

Linha de base
Linha imaginária sobre a qual as bases de todas as letras maiúsculas e da maioria das letras minúsculas são posicionadas.

Magenta
Um matiz do vermelho, uma das primárias subtrativas utilizadas na impressão em quatro cores.

Maiúscula
Letra em caixa-alta.

Margem
Áreas vazias em uma página que circundam a matéria impressa.

Matéria
O conteúdo a ser impresso.

Matiz
Cor pura que não inclui nem preto nem branco.

Minúscula
Letra em caixa-baixa.

Moiré
Erro de impressão em que os meio-tons aparecem como pontos visíveis na imagem impressa.

Monocromia
Imagem constituída de tons variados de uma cor.

Negrito
Variedade espessa de uma fonte utilizada para dar ênfase.

Oblíquo
Caractere tipográfico inclinado, também chamado de sólido.

Original
Qualquer matéria ou imagem para reprodução.

Paica
Unidade de medida igual a seis avos de uma polegada abrangendo 12 pontos.

Pigmento
Material utilizado como agente para dar cor às tintas.

PMS
Pantone Matching System, sistema de correspondência de cores.

Ponto
Unidade de medida igual a 1/72 de uma polegada utilizada para medir tipos.

Preto composto/calço
Uma área de ciano a 50% ou 60% sob uma cor preta que aprimora a densidade visual e a saturação.

Primárias aditivas
Vermelho, verde e azul, as cores primárias da luz, cores que, juntas, compõem a luz branca.

Reconhecimento óptico de caracteres (OCR)
Processo de escaneamento de um texto impresso e sua conversão para um conteúdo textual editável.

Registro
Alinhamento preciso entre si de duas ou mais imagens impressas no mesmo substrato.

Relevo seco
Design estampado sem tinta ou folha metálica e que resulta em uma superfície em relevo.

Retícula de meio-tom
Simulação de um tom contínuo por um padrão de pontos.

RGB
Vermelho, verde e azul, as cores primárias aditivas.

Sangrado
Imagem impressa que se estende além da borda de refile do suporte.

Saturação
Variação de cores de mesmo brilho tonal, de nenhuma cor a uma cor pura.

Script
Categoria de tipos que imita caligrafia.

Seção áurea
Divisão na razão 8:13 que cria proporções harmoniosas.

Sem serifa
Que não contém serifas.

Separação de cores
Processo fotográfico de filtragem que divide as cores de um original colorido de tom contínuo em suas cores constituintes.

Serifa
Pequeno traço terminal que acentua o final do traço principal de uma letra.

Stress
Variação na espessura da letra.

Substrato
Superfície para impressão

Suporte
Papel a ser utilizado na impressão.

Tagged Image File Format (TIFF)
Formato flexível para armazenamento imagens fotográficas.

Texto
Matéria escrita ou impressa que forma o corpo de uma publicação.

Texto do corpo
O conteúdo que forma a mancha gráfica de um projeto.

Tinta metálica
Tinta de impressão que dá um efeito dourado, prateado, bronzeado etc.

Tipo
As letras, os números e os sinais de pontuação de um alfabeto tipográfico.

Tipo condensado
Versão alongada e estreita de um alfabeto tipográfico.

Tipo display
Tipo grande e/ou chamativo concebido para atrair o olhar. Especialmente desenhado para ser visto à distância.

Tom contínuo
Graduações contínuas de tonalidades em uma imagem, como uma fotografia, que não são divididas em pontos.

Traço ascendente
Traço mais fino de um caractere de um tipo.

Trapping
Ajuste das áreas de cor, texto ou formas para corrigir problemas de registro de impressão mediante a sobreposição desses elementos.

Valor tonal
Densidades relativas de tom de uma imagem.

Verniz
Revestimento aplicado a uma folha impressa para proteção ou destaque.

Verniz UV
Verniz aplicado a um suporte impresso que é selado e seco com luz ultravioleta.

índice

Os números de página em **negrito** se referem às ilustrações

acabamento de impressão **144**, 145–79
acabamento físico 170, **171**
acentos (caracteres) 80
ajuste de níveis de luminosidade 100
ajustes de canal 100
alinhamento de numerais 84
alteração de imagens 100–5
altura-x 85, 181
arquivos TIFF **29**, 181
assimilação de cores 123
autoencadernação 176
autoencadernação 176
AVI (Audio Video Interleave) 27

balanço de cor 100
barba (borda felpuda) do papel 146
branding 118, **135**, 140, **141**, **161**
brilho 100, 124

calço/preto composto 156, 180
camadas 28, 110–13
camadas de ajuste 111
caracteres 56–7, 60, 75, 80–1, 180
　ver também tipografia
caracteres caudais 60
caracteres de pontuação 80
caracteres especiais 80–1
caracteres PI 60
caracteres por linha 75
ciano **136**–7, 156, 180
　ver também CMYK
classificando tipos 62–5, 90
CMYK 28, **29**, 129, 132, **136**–**7**, 154–7, 180
complementares divididas 127
complementares duplas 127
complementares mútuas 127
compressão 28
computador a chapa (CTP) 152, **153**
consistência da cor 140
construtivismo 86, **148**
contraste 100, **103**, 180

cor **116**, 117–43, 152, 154–7
　assimilação 123
　combinação 134, **135**, 143
　consistência 140
　imagens 100–1, **102**–**3**, **120**, 136–9, 142
　significado 118, **119**
　terminologia 122–31
　tipografia 68, **69**
cor sólida 132–3, 181
cores acentuadas 134
cores análogas 127
cores complementares 127
cores dominantes 134
cores em tela 129
cores especiais 132–3, 181
cores fluorescentes 132
cores impressas 129
cores PMS 129, 181
cores primárias 122–3, 180, 181
cores RGB 28, **29**, 129, 181
cores secundárias 123
cores subordinadas 134
cores terciárias 123
cores tricromáticas 136
　ver também CMYK
corpo do papel 146
corpo do texto 56, 180
corte e vinco 170, 180
croma 124, 180
　ver também saturação
cultura e cor 118, **119**

detalhes do tipo 84–5
dingbats 60, 65
dobra lateral 175
dobra montanha **150**, 172
dobra vertical **173**, 175
dobras 175
dobra-sanfona **172**, **174**, 180
dobra-vale **150**, 172
DPI (dots per inch – pontos por polegada) 97, 180
duotone **29**, **103**, **137**–**8**, 180

edições in quarto 12
edições in-fólio 12
edições in-oitavo 12
emoções 117–18, 142
empastamento 170

encadernação 176, **177**
encadernação aberta 176
encadernação canadense 176
encadernação editorial 176
encadernação em capa dura 176
engenharia do papel 150, **151**
entrelinhamento 56–7, **74**, 75, 181
EPS (Encapsulated PostScript) **29**, 180
escala de cinzas **29**, **137**, 180
escola Bauhaus 86
espacejamento 76
espacejamento do texto 74–7, 84
espacejamento entre letras 76, 84
espacejamento horizontal 74–7
espacejamento vertical 74–7
espaço entre palavras 76
ética 186–92

família da fonte Officina 66–7
famílias de tipos 58, 66–7
famílias tipográficas 58, 66–7
filtros 100, **111**
Flash Video (FLV) 27
fluxo de cor **131**, 139
fonte feita à mão 70
fonte Helvética 82, **85**
fonte renderizada 70
fontes 44, 62–5, 70–3, **90**, 96, 180
　ver também tipo e tipografia
formato **8**, 9–31, 180
formato Berliner **38**–**9**
formato broadsheet **38**–**9**
formato de papéis da série A 16–17, **18**–**19**
formatos de arquivo 28–31, 96
formatos de filmes 24–7
formatos de imagem em movimento 24–7
formatos de jornal **38**–**9**
formatos de papéis americanos 16–21
formatos de papel PA 17
frações 85
frações ene 85
frações não estabelecidas **85**

GIF (Graphic Interchange Format) **29**, 180
gramatura do papel 146
grampo a cavalo 176, 181
Graphic Interchange Format (GIF) **29**, 180
grid de Frutiger 82–3
grid de linhas de base 48–51, 180
grids **32**, 33–53, 82–3, 180

hierarquia 44, **45**
hifenização 77, 80
hot stamping 170, **171**, 180

ícones 94, 115
imagem **92**, 93–115
　alterando imagens 100–5
　cor e 100–1, **102**–**3**, **120**, 136–9, 142
　manipulação **25**, 28–9, 104, 110–13
　significado 94, **95**
　tipo como 106–9
imagens bitmap **29**, 78, 96, **137**, 180
imagens compostas 110
imagens em quadtone **137**
imagens em tritone **137**
imagens invertidas **138**
imagens rasterizadas 96, **111**
　ver também imagens bitmap
impactos de impressão 190
impressão de preto 156, 180
impressão em quadricromia 154–7, **169**, 180
　ver também CMYK
impressão na borda externa 158, **159**
impressão plana 152
impressão tipográfica manual 162–5
ISO (International Organization for Standardization) 10, 16–21, 181
itálico 58, 85, 181

jornal 147
JPEG (Joint Photographic Experts Group) **29**, 181
justaposição 42, **43**, **95**, 114, **143**

182

« Glossário **Índice** Contatos e créditos » **Índice**

Kandinsky, Wassily 86
kerning 76, 181

layout 10, **11**, 22, **32**, 33–53, 180–1
layout em pentágono alto **11**
layout em pentágono curto **11**
layout pentágono truncado **11**
layouts construídos por pentágonos **11**
layouts líquidos 22
Le Corbusier 47
legibilidade do tipo 55, 57, **73**
legislação 187
letterboxing 24
ligaturas 60, 80–1, 181
litografia 152, **153**
logotipos 106, **110**, 133
lombada quadrada 176, **177**
LPI (lines per inch – linhas por polegada) 97

magenta **136–7**, 181
 ver também CMYK
margens 40, **41**, 181
matiz 124, **125**, 181
medida da coluna 75, 181
medidas da paica 56, 75, 181
medidas relativas 57
métodos de dobragem **150**, 172–5
miniaturas (thumbnails) 44, **44**
modernismo 86
monocromia 127, **130**, **169**, 181
movimento De Stijl 86
MPEG (Moving Pictures Expert Group) 27
Müller-Brockman, Josef 34

numerais 84
números de Fibonacci 46–7

oblíquos 58, 85, 181
opacidade do papel 146

Pantone Matching System (PMS) 129, 181
papel chromolux 147
papel feito à mão 147, **147**
papel flocado 147
papel indiano 147
papel-mate 147
papel não revestido 147
papel revestido 147, **147**

papel vergê (estriado) 146
papel-bíblia 147, **147–8**
pausas **40**, 44
pausas visuais **40**, 44
perímetros ativos **40–1**
perímetros do layout 40, **41**
perímetros passivos **40**
personalidade do tipo 78, **79**
picote 170
pictogramas 80
pixels **22**, 96–7
pontuação 80
pós-modernismo 88
PPI (pixels per inch – pixels por polegada) 97
preocupações com o ambiente 190
preto composto/calço 156, 180
primárias aditivas 122–3, 180
processo Hexachrome 132
proporção de Lichtenberg 16
proporções 10, **12**, 31, 46–7
proporções de telas 24

Rams, Dieter 36
reconhecimento óptico de caracteres 65, 181
regra eme 57, 80, **85**, 180
regra ene 57, 80, 180
relevo seco 170, 180
resolução **22**, 96
revestimento UV 168, 181
revista Fuse **92**, 93
ritmo **32**, 33, **40**, 44, **45**
roda de cores **126–7**

salvando imagens 28
saturação 124, **125**, 181
Seção Áurea 46–7, 180
sem serifa 62–3, 66–7, 181
semiótica 94
sentido da fibra 146
serifa **35**, 62–3, 66–7, 181
serigrafia 160, **161**, 181
significados conotativos 94, **95**
significados denotativos 94, **95**
significante/significado 94
símbolo de índice 94
símbolos 64–5, 94, 115, **118**
sistema de pontos 56, 181
sistema Didot 56
sistema Modulor 47
sites com página fixa 22
sites com rolagem 22, **23**

sobreimpressão **138**
sobreimpressão **138**, 156, **157**
sobreposição de camadas 110, **111**
subtrativas primárias 122–3

Tagged Image File Format (TIFF) **29**, 181
tamanho de papel RA 16, 181
tamanho de papel SRA 16, 181
tamanho do tipo 56–7, 75, 85, 181
 acabamento de impressão **164**
 layout **32**, 33, 44, **45**, 47
tamanhos de livros 12, **13**
tamanhos de papel 10–15, 16–21, **175**, 181
tamanhos de papel norte-americanos 16–21
tamanhos padrão
 formatos Web 22, **23**
 livros 12
 papel 10, 16–21, 181
termografia 170
texto 44, 74–7, 84, 180–1
 ver também tipografia
texto do corpo (mancha gráfica) **11**, 181
texto justificado **74**, 77, 181
tintas metálicas 132, 181
tipo 58–60, **61**, 181
 classificação 62–5, 90
 detalhamento 84–5
 geração 70–3
 medida (largura) de coluna 75, 181
 personalidade 78, **79**
 ver também caracteres
tipo blocado 62
tipo book 58
tipo condensado 58, **73**, 180
tipo decorativo 64–5
tipo display 60, 180
tipo em maiúsculas 60, **71**, 181
tipo em minúsculas 60, 181
tipo experimental 64–5
tipo gótico 62
tipo gráfico 64–5
tipo medieval (letras negras) 62–3
tipo monoespacejadas 84
tipo móvel 166
tipo negrito 58, 68, **144**, 145, 180

tipo proporcionalmente espacejado 84
tipo romano 58, 62–3
tipo script 60, 62–3, 181
tipo vazado (inline) 60
tipografia **54**, 55–91, **104**
 acabamento de impressão **144**, 145, **148**, **164–5**, 166, **167**
 como imagem 106–9
 cor 68, **69**
 layout **35**, **37**, 44, **45**, 48–9
 tema 86–9
tipografia a quente 166, **167**
tipos de papel 146–9
tons **138**, 154–7
transparência do papel 146, **148**
trapping 156, 181
tríades 127
Tschichold, Jan 10

unicameral 60
Univers 82–3

valor 124
 ver também brilho
verniz 168, **169**, 181
verniz acetinado 168
verniz brilhante 168
verniz de reserva 168, **169**
verniz mate 168
verniz neutro 168
verniz perolado 168
verniz texturizado 168
verniz UV sangrado 168
versalete 60, 85
versalete verdadeiro 85
vetores 96, **98–9**

Web design 22, **23**, 27, 129, 152

Compilado por Indexing Specialists (UK) Ltd.

contatos e créditos

8vo	www.hamishmuir.com	Página 161
Abbot Mead Vickers BBDO	www.amvbbdo.com	Páginas 162, 165
Gavin Ambrose	www.gavinambrose.co.uk	Páginas 13, 27, 30, 70, 100–101, 110
Atelier Works	www.atelierworks.co.uk	Página 163
Beetroot	www.beetroot.gr	Páginas 23, 68, 70, 109, 151
Blue Source	www.bluesource.co.uk	Página 71
Build	www.designbybuild.com	Página 108
Matt Checkowski	www.checkowski.com	Páginas 25, 26
Clase	www.clasebcn.com	Página 176
The Design Shop	www.thedesignshop.gr	Páginas 140–141, 153
Design Project	www.designproject.co.uk	Páginas 112–113, 157, 170–171
DixonBaxi	www.dixonbaxi.com	Página 79
Dorian Design	www.doriandesign.com	Páginas 99, 173
E-Fact	www.efactdesign.de	Página 167
Faydherbe / de Vringer	www.ben-wout.nl	Páginas 72, 102, 103
Frost Design	www.frostdesign.com.au	Páginas 95, 106, 130, 164, 172
Imaginary Forces	www.imaginaryforces.com	Páginas 25, 26
Jeff Knowles	www.mosjef.com	Página 19
Johnson Banks	www.johnsonbanks.co.uk	Páginas 6, 8, 43, 73, 150
Mark Logue	www.mlstudio.co.uk	Página 27
Mouse Graphics	www.mousegraphics.gr	Páginas 41, 69, 144, 149, 177
NB: Studio	www.nbstudio.co.uk	Páginas 20–21, 81, 97, 98, 104, 116
Planning Unit	www.planningunit.co.uk	Páginas 18, 32, 132
Pentagram	www.pentagram.com	Páginas 14–15, 35, 42
Mark Porter	www.markporter.com	Páginas 38–39
Andy Potts	www.andy-potts.com	Página 105
Propaganda	www.propaganda.co.uk	Página 61
Research Studios / Neville Brody	www.researchstudios.com	Páginas 32, 92
Sagmeister Inc	www.sagmeister.com	Páginas 107, 120, 158, 159
Slavimir Stojanovic	www.slavimir.com	Página 121
Studio AS	info@studioas.com	Páginas 37, 50–51, 70, 110, 174–175
Studio Myerscough	www.studiomyerscough.com	Páginas 54, 106, 131, 135, 148, 166
Urbik	www.urbik.co.uk	Páginas 27, 30
Visual Research	inoblen35@me.com	Página 95
Voice	www.voicedesign.net	Página 45
Craig Yamey	www.craigyamey.com	Página 102

Foram feitos todos os esforços para encontrar, esclarecer e dar créditos de direitos autorais aos detentores dos direitos das imagens reproduzidas neste livro. No entanto, se qualquer crédito tenha sido inadvertidamente omitido, a editora fará o possível para incorporar as alterações nas próximas edições.

Lynne Elvins/Naomi Goulder

Trabalhando com ética

Fundamentos de Design Criativo

ética: consciência/ reflexão/ debate

Nota da editora

O tema "ética" não é novo, mas a reflexão sobre ele dentro das artes visuais aplicadas talvez não esteja tão presente como deveria. Nosso objetivo é ajudar uma nova geração de estudantes, educadores e profissionais a encontrar uma metodologia para estruturar as suas ideias e reflexões nessa área tão importante.

A editora espera que este anexo, **Trabalhando com ética**, atue como uma plataforma para a reflexão e como um método flexível para a incorporação de questões éticas no trabalho de educadores, estudantes e profissionais. Nossa abordagem consiste em quatro etapas:

A **introdução** tem por objetivo ser uma tomada acessível da paisagem da ética, em termos tanto de desenvolvimento histórico, quanto de temas mais discutidos atualmente.

A **estrutura** distribui a reflexão ética em quatro áreas e levanta questões sobre as implicações práticas que podem ocorrer. Marcando as suas respostas a essas questões na escala apresentada, você poderá explorar as suas reações mais profundamente por meio de comparação.

O **estudo de caso** expõe um projeto real e levanta algumas questões éticas para uma maior reflexão. Esse é um ponto de foco para o debate, e não para a análise crítica, portanto, não há respostas predeterminadas, certas ou erradas.

As **leituras complementares** trazem uma seleção de livros para você se aprofundar nas áreas de maior interesse.

Introdução

A ética é um tema complexo que entrelaça a ideia de responsabilidade junto à sociedade e um grande leque de reflexões relevantes sobre o caráter e a felicidade do indivíduo. Ela engloba virtudes como compaixão, lealdade e força, mas também confiança, imaginação, humor e otimismo. Conforme introduzido na filosofia grega antiga, a questão ética fundamental é *o que eu deveria fazer?* O modo como devemos perseguir uma vida "boa", de bondade, não levanta apenas questões morais sobre os efeitos de nossas ações sobre os outros, mas também questões pessoais sobre a nossa própria integridade.

Na era moderna, as questões mais importantes e controversas em ética têm sido as de cunho moral. Com o crescimento das populações e os avanços na mobilidade e na comunicação, não surpreende que as reflexões sobre como estruturar nossas vidas, todos juntos no planeta tenham emergido para o primeiro plano. Para os artistas visuais e os comunicadores, não deve ser surpresa que essas considerações entrem no processo criativo.

Algumas considerações éticas já estão consagradas nas leis e regulamentações governamentais ou em códigos de conduta profissionais. Por exemplo, plágio e violação de confidencialidade podem ser ofensas sujeitas à punição. A legislação de várias nações torna ilegal a exclusão de pessoas com deficiência do acesso à informação e aos espaços. O comércio de marfim como material foi banido em muitos países. Nesses casos, uma linha sob o inaceitável foi claramente traçada.

A maioria das questões éticas permanece aberta ao debate, igualmente entre especialistas e leigos, e, no final, precisamos fazer as nossas escolhas com base em nossos próprios princípios ou valores. É mais ético trabalhar para uma empresa comercial ou beneficente? É antiético criar algo que os outros achem feio ou ofensivo?

Questões específicas como essas podem levantar outras questões que são mais abstratas. Por exemplo, é importante apenas o que afeta os seres humanos (e sobre as coisas pelas quais se importam), ou o que afeta o mundo natural também merece atenção?

A promoção dos fins éticos é justificada mesmo quando os meios exigem alguns sacrifícios éticos? Deve haver apenas uma teoria unificadora para a ética (como o utilitarismo, que prega que o curso de ação correto é sempre aquele que conduz para a maior felicidade do maior número de indivíduos possível), ou deve haver sempre vários valores éticos diferentes que puxam as pessoas em várias direções?

À medida que entramos no debate ético e nos comprometemos com esses dilemas em nível pessoal e profissional, podemos mudar nossos pontos de vista ou nossa visão sobre os outros. O verdadeiro teste, entretanto, é se, à medida que refletimos sobre esses temas, mudamos nossa maneira de agir e de pensar. Sócrates, o "pai" da filosofia, propôs que as pessoas são naturalmente "boas" quando e se sabem o que é certo. Mas essa afirmação só nos leva a outra questão: *como sabemos o que é certo?*

A estrutura

Você
Quais são as suas crenças éticas?

A sua atitude em relação às pessoas e aos problemas ao seu redor é central para tudo o que você faz. Para algumas pessoas, a ética pessoal é uma parte ativa das decisões que tomam no dia a dia como consumidores, eleitores ou profissionais. Outros podem pensar muito pouco sobre a ética e, ainda assim, isso não os torna, automaticamente, antiéticos. Crenças pessoais, estilo de vida, política, nacionalidade, religião, sexo, classe, educação, tudo isso pode influenciar o seu ponto de vista ético.

Usando uma escala de 1 a 10, onde você se posicionaria? O que você leva em conta ao tomar decisões? Compare os seus resultados com os de amigos ou colegas.

O seu cliente
Quais são os seus termos?

As relações de trabalho são cruciais para o emprego da ética em um projeto, e a sua conduta no dia a dia demonstra a sua ética profissional. A decisão de maior impacto é, primeiramente, com quem você escolhe trabalhar. Empresas que fabricam cigarros ou comercializam armas são exemplos frequentemente citados quando se discute sobre onde deveria ser traçada uma linha, mas raramente as situações reais são tão extremas. Até que ponto você pode rejeitar um projeto por questões éticas e em que medida a realidade de ter que ganhar dinheiro para sobreviver afeta a sua capacidade de escolher?

Usando a escala de 1 a 10, onde você posicionaria um projeto? Como isso se compara com o seu nível de ética pessoal?

01 02 03 04 05 06 07 08 09 10   01 02 03 04 05 06 07 08 09 10

As suas especificações
Quais são os impactos dos seus materiais?

Recentemente, temos visto que muitos materiais naturais estão cada vez mais escassos; ao mesmo tempo, estamos cada vez mais conscientes de que alguns materiais feitos pelo homem podem ter efeitos nocivos a longo prazo sobre as pessoas ou o planeta. O que você sabe sobre os materiais que utiliza? Você sabe de onde eles vêm, o quanto viajam e sob quais condições são obtidos? Quando a sua criação não for mais necessária, ela será de reciclagem fácil e segura? Ela desaparecerá sem deixar rastros? Essas considerações são de sua responsabilidade, ou estão fora do seu alcance?

Usando a escala de 1 a 10, marque o quão éticas são as suas escolhas de materiais.

A sua criação
Qual é o propósito do seu trabalho?

Entre você, os seus colegas e o briefing, qual é o objetivo da sua criação? Qual será o propósito dela na sociedade? Ela fará uma contribuição positiva? O seu trabalho deve ter outros resultados além do sucesso comercial ou dos prêmios da indústria? A sua criação pode ajudar a salvar vidas, a educar, a proteger ou a inspirar? Forma e função são dois aspectos básicos do julgamento de uma criação, mas há pouco consenso sobre as obrigações dos artistas visuais e dos comunicadores para com a sociedade, ou sobre o papel que podem ter na resolução de problemas sociais e ambientais. Se você quer ser reconhecido como criador, qual é a sua responsabilidade pelo que cria e onde essa responsabilidade deve acabar?

Usando a escala de 1 a 10, marque o quão ético o propósito do seu trabalho é.

01 02 03 04 05 06 07 08 09 10

01 02 03 04 05 06 07 08 09 10

Trabalhando com ética

Estudo de caso **Tigre Tony**

Um dos aspectos do design gráfico que levanta um dilema ético é a relação entre a criação de materiais impressos e o impacto ambiental da produção impressa. No Reino Unido, por exemplo, estima-se que cerca de 5,4 bilhões de malas-diretas sejam enviadas todos os anos, e que elas, com outros materiais promocionais, somam mais de meio milhão de toneladas de papel anualmente (quase 5% do consumo de papel e de cartão do Reino Unido). Sabe-se que as taxas de resposta às campanhas por correio são de 1 a 3%, fazendo do "lixo postal" uma das formas de comunicação impressa mais prejudiciais ao ambiente. Além do uso de papel ou cartão, a opção por usar técnicas de raspadinha, acabamentos com verniz brilhante, uso de tintas em áreas chapadas, ou colas para selagem ou fixação torna esses materiais mais difíceis de usar depois de descartados. Qual é a responsabilidade que o designer gráfico deve ter sobre essa situação se o cliente já decidiu iniciar uma campanha de mala--direta e já tem um formato em mente? E se os designers desejam minimizar o impacto ambiental de materiais impressos, que atitude seria a mais útil?

Em 1951, Leo Burnett (famoso executivo da propaganda, conhecido por criar, entre outros ícones de produtos, o Jolly Green Giant e o homem Marlboro) foi contratado para criar uma campanha para o novo cereal da Kelloggs, o Sugar Frosted Flakes (hoje conhecido como Frosties no Reino Unido, Frosted Flakes nos Estados Unidos e Sucrilhos no Brasil). O tigre Tony, desenhado pelo ilustrador de livros infantis Martin Provensen, foi um dos quatro personagens selecionados para vender o cereal. O gnu Newt e o elefante Elmo nunca chegaram às prateleiras, e tendo Tony se mostrado mais popular que a canguru Katy, ela foi retirada das embalagens depois do primeiro ano.

Embora o tigre de listras pretas e laranjas e lenço vermelho permaneça, o design gráfico original de Provensen para o tigre Tony mudou muito desde que ele apareceu pela primeira vez, em1952. Tony começou com cabeça em formato de bola de futebol americano e olhos verdes. Mais tarde, a cabeça de Tony ficou mais "suave" e redonda, e seus olhos mudaram de verdes para dourados. Hoje, sua cabeça é mais angulosa e ele aparece sobre uma embalagem de fundo predominantemente azul, que substituiu a caixa verde original. A maior mudança, porém, se deu em sua postura. Originalmente, Tony era apresentado como um personagem do tamanho de uma caixa de cereal e que caminhava sobre as quatro patas; em 1970, influenciada pelo crescente interesse do público em saúde e condicionamento físico, A estrutura de Tony se desenvolveu em um personagem com mais de 1,80m, esguio, musculoso e que andava sobre duas patas.

Entre 1952 e 1995, estima-se que a Kelloggs tenha gastado mais de US$1 bilhão promovendo o Sucrilhos com a imagem de Tony, e gerado US$5,3 bilhões em vendas brutas nos Estados Unidos. Tony apareceu em tigelas, cofrinhos de dinheiro, pijamas e até em um balão de ar quente que pode ser visto em eventos internacionais. Pesquisas conduzidas por grupos de direitos do consumidor como o Which? concluíram que uma grande quantidade de pessoas (mais de 75%) acredita que usar personagens em embalagens de produtos torna mais difícil para os pais dizerem não às crianças. Nessas pesquisas, a Kelloggs foi analisada mais especificamente em relação ao Sucrilhos, que conteria um terço de açúcar e mais sal que o recomendado pela Food Standards Agency, órgão britânico responsável pela proteção da saúde pública no que diz respeito aos alimentos. Em resposta a essas acusações, a Kelloggs declarou: "Estamos comprometidos em vender responsavelmente nossas marcas e em comunicar suas qualidades intrínsecas de modo que nossos consumidores possam fazer escolhas conscientes."

Ativistas afirmam que o uso de personagens animados é um lado particularmente manipuladora do problema, e que os governos deveriam se impor para proibir o seu uso em alimentos pouco saudáveis para crianças. Em 2008, entretanto, o porta-voz da Food and Drink Federation, órgão que representa os interesses da indústria de alimentos e bebidas não alcoólicas do Reino Unido, afirmou: "Estamos confusos sobre o porquê de a Which? querer tirar toda a diversão da comida banindo personagens de marca populares, muitos dos quais têm levado cor e alegria às prateleiras dos supermercados há mais de 80 anos."

É mais ético criar materiais gráficos promocionais para produtos alimentícios "saudáveis" do que para os "não saudáveis"?

É antiético desenhar um personagem animado que desperte o interesse das crianças para fins comerciais?

Você teria trabalhado nesse projeto, sendo hoje ou nos anos 1950?

Estudei design gráfico na Alemanha e meu professor sempre enfatizava a responsabilidade que os designers e ilustradores têm sobre as pessoas para quem criam coisas.

Eric Carle
(ilustrador)

Trabalhando com ética

Leitura complementar

AIGA
Design Business and Ethics
2007, AIGA

Eaton, Marcia Muelder
Aesthetics and the Good Life
1989, Associated University Press

Ellison, David
*Ethics and Aesthetics in European Modernist Literature:
From the Sublime to the Uncanny*
2001, Cambridge University Press

Fenner, David E W (Ed)
*Ethics and the Arts:
An Anthology*
1995, Garland Reference Library of Social Science

Gini, Al and Marcoux, Alexei M
Case Studies in Business Ethics
2005, Prentice Hall

McDonough, William and Braungart, Michael
*Cradle to Cradle:
Remaking the Way We Make Things*
2002, North Point Press

Papanek, Victor
*Design for the Real World:
Making to Measure*
1972, Thames & Hudson

United Nations Global Compact
The Ten Principles
www.unglobalcompact.org/AboutTheGC/TheTenPrinciples/index.html